Colloquial
Norwegian

The Colloquial Series

The following languages are available in the Colloquial series:

* Albanian
* Amharic
* Arabic of Egypt
* Arabic (Levantine)
* Arabic of the Gulf and Saudi
  Arabia
* Bulgarian
* Cambodian
* Cantonese
* Chinese
* Czech
* Danish
* Dutch
* English
* Estonian
* French
  German
* Greek
* Gujarati
* Hungarian

* Indonesian
* Italian
* Japanese
* Malay
* Norwegian
* Panjabi
* Persian
* Polish
  Portuguese
* Romanian
* Russian
* Serbo-Croat
* Spanish
* Spanish of Latin America
* Swedish
* Thai
* Turkish
* Ukrainian
* Vietnamese
* Welsh

* Accompanying cassette(s) available

Colloquial
Norwegian
A Complete Language Course

Kari Bråtveit, W. Glyn Jones and Kirsten Gade

London and New York

First published 1995
by Routledge
11 New Fetter Lane, London EC4P 4EE

Simultaneously published in the USA and Canada
by Routledge
29 West 35th Street, New York, NY 10001

© 1995 Kari Bråtveit, W. Glyn Jones and Kirsten Gade

Typeset in Times Ten by Florencetype Ltd, Stoodleigh, Devon

Printed and bound in England by Clays Ltd, St Ives plc

British Library Cataloguing in Publication Data
A catalogue record for this book is available from the British Library

Library of Congress Cataloguing in Publication Data
A catalogue record is available for this book on request

ISBN 0–415–11009–2 (book)
ISBN 0–415–11010–6 (cassettes)
ISBN 0–415–11011–4 (book and cassettes course)

Contents

About this book

Colloquial Norwegian contains 20 lessons, each introducing about 100 new words. Each lesson is built around a series of smaller units and includes: texts, dialogues, grammatical explanations, examples of 'Language in use', and exercises.

At the back of the book you will find a brief guide to Norwegian pronunciation, a short review of main grammatical points, a key to exercises, and English–Norwegian as well as Norwegian–English glossaries.

Below, we explain in more detail about the aim of the various units and the best way of working with them. If you are to derive maximum benefit from the book, we suggest you should not skip this introduction!

Texts

Norwegian is closely related to English, so the early texts aim to be so simple that learners with English as their mother tongue will be able to understand them in main outline if not always in detail. Later, as the texts centre on more specialized subjects, each will be furnished with word lists to help you understand.

The sentence structure in the texts is not normally difficult, but some passages contain a vocabulary drawn from special areas. In such cases we have found it useful to provide lessons with relevant headings. Thus, there are many words concerning the weather in Lesson 11, ('The weather'), and terms relating to parliamentary elections in Lesson 20, entitled 'Life in Norway'.

The passages represent the written language and are intended (a) to be generally informative, (b) to expand vocabulary and (c) to illustrate grammatical points which are then discussed immediately afterwards. You will then be able to concentrate on those aspects of the texts which are of most interest to you, in the sense that although ideally you should learn all new vocabulary as it appears, this is not strictly necessary if you want to move on. We do, however, strongly advise you to use the passages as illustrations for the Language sections immediately following. It is important for the understanding of language that the examples given in these grammatical sections should also be seen in context.

Dialogues

The dialogues represent the spoken language, which often cannot be translated word for word. Here we are dealing mainly with phrases, not words. This does not, however, imply that the dialogues are less important. On the contrary, they contain the everyday language which you will meet in the street, in the home, and anywhere else where people communicate orally. Without this language of communication you would find yourself in difficulties when faced with a situation in which oral communication was necessary. We therefore advise you not to neglect any of the dialogues. If you have the cassettes, you should work with each of them in the following manner:

1 Listen to the dialogue until you can understand it. That will inevitably take some time. Your first impression will be that the readers speak very fast, but a deliberate attempt has been made to maintain a normal speed so that the dialogue should not appear artificial. Listen first with the text before you, and then with your book closed. You can learn much merely by listening.
2 Now – with your book open – try to imitate the replies one by one. You can do this by stopping your tape after each line of dialogue and repeating it parrot-fashion. Make a real effort to get as close as possible to both sound and intonation.
3 When you are satisfied with your efforts, you can test yourself as follows: Play one line of the dialogue and answer it with the next before playing that on the tape. As you play the taped version, you will be able to decide for yourself where your mistakes (if any) lie. Now, repeat the process, taking the part of the other speaker in the dialogue.

The dialogues, like the texts, are also closely related either to the 'Language points' or to the 'Language in use'.

Language points

We use as few grammatical terms as possible, but they can, of course, not be avoided entirely, and therefore to help those learners who have not previously had experience of grammatical terms – or have forgotten them – we have tried visually to illustrate each new term as we introduce it.

The general principle employed in introducing grammar is to go from the easy to the more difficult. Thus, we do not aim at dealing with verbs in their entirety first, then nouns, and so on.

No grammatical problem is introduced unless it has been illustrated in the preceding text passage or dialogue. While working with the grammar, you should therefore constantly keep an eye on the text above.

We have used a series of patterns to help you with word order. This method has a particular appeal to those whose method of learning is visual. Moreover, a single pattern can often demonstrate what it otherwise would take paragraphs of explanation to describe. Naturally, these patterns do not tell you every single thing about Norwegian word order, but they indicate a very practical and usable approach. To go further would demand a far more comprehensive grammar.

You should take care to become familiar with the grammar in *Colloquial Norwegian* as it is introduced. Each lesson is based on the assumption that you have understood the grammar in the preceding lessons, even if you have not learnt it thoroughly.

Language in use

These sections have more assorted contents, but are not less important. They can, for instance, tell you what word is used in such and such a situation, or simply contain common phrases that you ought to know, but which you cannot be expected to construct for yourself without further ado.

Exercises

These form an important part of the language teaching; they not only practise and so reinforce the points that have been explained, but also often introduce you to new vocabulary and features which are built on. They should not be ignored. We, for our part, have tried to vary them so that you won't get bored with them.

The key

There are many different types of exercises in *Colloquial Norwegian*, and for some of them it is impossible to provide you with a key. This applies particularly to those requiring a personal answer from you. However, others can have other correct answers different from those indicated in the key.

Ready-reference grammar

This is in no way intended to be a complete grammar. It merely presents you with summaries of points that are otherwise dealt with at different stages of the book. Thus, for instance, we do not include numerals in this summary – but the index will tell you which lesson you will find then in.

In the Ready-reference grammar you are also referred to the places in the book where the specific word categories are dealt with.

Glossaries

There are two glossaries at the back of the book, English–Norwegian and Norwegian–English.

The Norwegian–English glossary contains all the words appearing in the book, with two exceptions: words that are easily recognizable for learners with English as their mother tongue are omitted, as are certain words that are translated where they appear in the main body of the text.

The English–Norwegian glossary is not as comprehensive, although it contains all the words necessary for doing the exercises. Nor does this list contain all information on Norwegian words, so, in order to discover, for example, inflections you will need to look up the Norwegian word in the Norwegian–English glossary.

The language

Norway has a rather complicated language situation with two official written languages: **bokmål** and **nynorsk**. The two are not fundamentally different from each other, and if you know **bokmål** you will also be able to understand **nynorsk**.

Bokmål is used in the cities, while **nynorsk** is mostly used in the rural areas. **Bokmål** is the dominant of the two languages, with around 80 per cent of Norwegian pupils using it as their main language at school.

The language in this book is **bokmål**. However, even within **bokmål** there is a degree of choice. Certain forms and endings are more formal and conservative than others. Formal **bokmål** can, for example, do without a feminine gender, with all feminine nouns being treated like masculines. In the vocabulary lists both choices are presented.

The language in this book is 'neutral', being neither particularly conservative nor particularly informal, as you will find in most textbooks.

The Norwegian alphabet

The letters 'c', 'q', 'w', 'x' and 'z' are found in dictionaries, but do not really belong to the Norwegian alphabet and are only used in foreign loanwords. On the other hand, Norwegian has three extra letters: 'æ', 'ø', 'å'; these are placed at the end of the alphabet in that order.

1 Pamela og Håkon

Pamela and Håkon

In this lesson you will learn about:

- Personal pronouns
- Nationality
- Expressing occupation
- The present tense of verbs
- Thanking
- Beginning a conversation
- Asking 'How are you?'

Reading text

You will find many Norwegian words easily recognizable. See if you can make sense of the following text, in which a Norwegian – Håkon – talks about himself and his family. Don't worry about understanding every word, just the general sense. If you're really stuck, there's a translation in the Key to exercises.

Vocabulary

jeg heter	I'm called	**en lærer**	a teacher
bor	live(s), dwell(s)	**Pamela reiser**	Pamela travels
gift med	married to	**på**	in, at
snakker	speak(s)	**et turistkontor**	a tourist office
norsk	Norwegian	**som heter**	who's called

Håkon talks about his family 📼

Jeg heter Håkon, og jeg bor på Lillestrøm. Jeg er gift med Pamela. Hun kommer fra England, men hun snakker norsk. Jeg er lærer på en skole her på Lillestrøm. Pamela reiser til Oslo hver dag. Hun er sekretær på et turistkontor. Vi har to barn, en sønn som heter Anders, og en datter som heter Marit.

Language points

Personal pronouns as subjects

Personal subject pronoun: *He* is a teacher

Singular		*Plural*	
jeg	I	**vi**	we
du/De	you	**dere/De**	you
han	he	**de**	they
hun	she		
den/det	it		

In the singular as well as in the plural, the Norwegian word for 'you' has two forms. The most common forms are **du** and **dere**.

De is more formal, and is mainly used by the older generation and by younger people addressing older strangers. **De** is also used in business correspondence.

Den refers to a noun in the common gender, while **det** refers to a neuter gender noun. (For gender of nouns see Lesson 2.)

It is important to observe the use of capitals in Norwegian personal pronouns.

Exercise 1

Which personal pronouns can you find in the reading text above? Mark them all by putting an *n* under each.

Exercise 2

Using the glossary at the back of the book, write down the words for nationalities corresponding to the names of the countries listed on p. 8. Note that only the name of the country is spelt with a capital letter.

Country	Nationality
Norge	
England	
Sverige	
Danmark	
Tyskland	
Frankrike	

Exercise 3

Reading the text below and referring to the glossary at the end of the book, fill in the missing details on Petter's 'ID-card'.

Navn _____

Alder _____

Høyde _____

Nasjonalitet _____

Yrke _____

Øyne _____   Hår _____

Adresse _____
_____
_____
_____

Petter Dale er 40 år og journalist. Han er 186 cm høy og har blå øyne og lyst hår. Han er norsk, men han bor i Tyskland.

Language points

The present tense of å være

Present tense of 'to be': I *am* a Norwegian.

The present tense of the irregular verb **å være** ('to be') is **er**, irrespective of its subject:

jeg er	I am	**han er**	he is	**vi er**	we are
du/De er	you are	**hun er**	she is	**dere/De er**	you are
		den/det er	it is	**de er**	they are

Expressing occupation

Words indicating a person's occupation, when standing alone, carry no article. (The same rule applies to words indicating a person's religion and nationality):

He is a teacher.	He is a Catholic.	He is an Indian.
Han er lærer.	**Han er katolikk.**	**Han er inder.**

Navn __Pamela Dale__

Alder __31 år__

Høyde __170 cm__

Nasjonalitet __engelsk__

Yrke __sekretær__

Øyne __brune__   Hår __svart__

Adresse __Fjellveien 3__
__2050 Lillestrøm__

Exercise 4

Using the 'ID-card' on p. 9, write a paragraph about Pamela, similar to the one about Petter Dale.

Language points

The present tense

Present tense of a verb: Pamela *speaks* English.

The vast majority of Norwegian verbs end in **-r** in the present tense, irrespective of their subject.

jeg snakker	I speak	**vi snakker**	we speak
du/De snakker	you speak	**dere/De snakker**	you speak
han snakker	he speaks	**de snakker**	they speak
hun snakker	she speaks		
det snakker	it speaks		

The infinitive

Verbs in the vocabulary lists and glossary will appear in the *infinitive*, which in Norwegian almost always ends in **-e**:

Infinitive	*Infinitive*
(å) snakke	(to) speak

An infinitive without **å** is called a *bare infinitive*.

How to construct the present tense

You add **-r** to the infinitive to form the present tense of the verb:

Infinitive	*Present tense*
snakke	**snakker**

Exceptions:

(a) | *Infinitive* | | *Present tense* |
|---|---|---|
| **gjøre** | do | **gjør** |
| **si** | say | **sier** |
| **spørre** | ask | **spør** |
| **vite** | know | **vet** |
| **være** | be | **er** |

(b) The following verbs, which are called *modal auxiliaries* (see Lesson 6):

Infinitive		*Present tense*
skulle	shall	**skal**
ville	will	**vil**
kunne	can	**kan**
måtte	must, have to	**må**
burde	ought to	**bør**
tore	dare	**tør**

(c) Verbs ending in **-s**. (This group consists of very few words.)

Infinitive		*Present tense*
finnes	exist	**fins/finnes**
synes	think	**syns/synes**
etc.		

Exceptions to this pattern are given in the glossary as follows:

gjøre (gjør, gjorde, gjort)	do
skulle (skal, skulle, skullet)	shall
finnes (fins/finnes, fantes, fantes)	exist

where **gjør**, **skal** and **fins/finnes** are the present tense (the other forms will be explained later).

Note that, unlike English, Norwegian does not distinguish between the present simple tense ('drives') and the present progressive tense ('is driving'). Norwegian only has the present simple tense, and so the translation of both verbal forms would be the same (that is, **kjører**).

Exercise 5

Translate the following into English. Then cover over the Norwegian text and translate your English passage back into Norwegian, comparing your own Norwegian version with the original text.

Håkon er lærer. Han er norsk, og han er gift med Pamela. Pamela kommer fra England. Hun er sekretær, og hun arbeider i Norge. Hun snakker engelsk og norsk.

Exercise 6

Find all the verbs in the reading text on p. 7 and put a *v* under each.

Exercise 7

Write down the infinitive and the present tense of the Norwegian for the following verbs. Use the glossary at the end of the book.

1 to answer 3 to walk   5 to know   7 to drive
2 to ask   4 to speak 6 to translate 8 to be

Exercise 8

Translate the following short sentences into Norwegian:

1 She is driving.   5 They are speaking.
2 I live in London.   6 She has a son and a daughter.
3 He is translating *Ulysses*. 7 They are living in England.
4 I ask.

Pronunciation practice 🔲

æ, ø and å

If you have the cassettes, practise the pronunciation of **æ**, **ø** and **å** in the following words:

æ: lærer, sekretær, være, er, her
ø: sønn, gjøre, tør, spørre, kjøre
å: Håkon, år, går, hår, blå

Stress

The general rule is that Norwegian words carry the main stress on the first syllable. However, some don't. Now practise the pronunciation of the following words, concentrating on getting the stress right. The stressed syllables are the ones just after the apostrophe:

'alder   **'engelsk**   **'lærer**   **sekre'tær**
nasjonali'tet **'heter**   **'Frankrike**   **kato'likk**

Dialogue 🔲

Håkon meets an old friend in the street

HÅKON: Hei! Er det ikke deg, Ivar?

IVAR:	Hei, Håkon! Det var hyggelig å treffe deg igjen.
HÅKON:	Hvordan har du det?
IVAR:	Takk, bare bra. Hvordan står det til med deg?
HÅKON:	Bare bra.
IVAR:	Bor du her på Lillestrøm?
HÅKON:	Ja.
IVAR:	Jeg arbeider som tekniker i Oslo nå. Hva driver du med?
HÅKON:	Jeg er lærer her på Lillestrøm.

HÅKON:	*Hi! Isn't that you, Ivar?*
IVAR:	*Hi, Håkon! It's nice to see you again.*
HÅKON:	*How are you?*
IVAR:	*Thank you, just fine. How are things with you?*
HÅKON:	*Just fine.*
IVAR:	*Do you live here in Lillestrøm?*
HÅKON:	*Yes.*
IVAR:	*I'm working as a technician in Oslo now. What do you do?*
HÅKON:	*I'm a teacher here in Lillestrøm.*

Language in use

Saying thank you

Takk ('thank you') is found in many combinations. Here are some of the more common ones:

Takk.	Thank you.
Mange takk.	Many thanks.
Tusen takk.	A thousand thanks. (*lit.*)
Takk skal du/De ha.	Thanks shall you have. (*lit.*)
Takk for maten.	Thanks for food. (*lit.*) See Lesson 8.
Takk for sist.	Thanks for last time. (*lit.*) – An expression widely used to somebody who was your host the last time you met.

And a common reply:

| **Selv takk.** | Don't mention it. |

When accepting or declining an offer you should add **takk** to **ja** ('yes') as well as to **nei** ('no'), and in such a context **takk** can correspond to 'please':

Ja takk.	Yes please.
Nei takk.	No thank you.

The latter is often followed by a further

Ellers takk.	Thank you all the same.

How to begin a conversation 🔳

Here are a few of the more common greetings:

Formal/neutral		*Informal*
God dag!	Hello! (Good day)	**Hei!** Hello! Hi!
God morgen!	Good morning!	
God kveld!	Good evening!	

God morgen will normally not be used after 10 a.m. **Hei** is used at any time of the day.

Asking and answering 'How are you?' 🔳

Hvordan har du det?	How are you?
(Jeg har det) bra.	(I am) fine.
(Jeg har det) bare bra.	(I am) just fine.
(Jeg har det) ikke så bra.	(I am) not too well.
Jeg er nokså dårlig.	I am quite ill.
Hvordan står det til?	How are things? (How do things stand?(*lit.*))
(Det står) bra (til).	Things are fine.
(Det står) bare bra (til).	Things are just fine.
Hvordan går det?	How are things? (How goes it? (*lit.*))
(Det går) bra/fint.	(Things are) fine.
(Det går) bare bra/fint.	(Things are) just fine.
Det går ikke så bra.	Things are not too good.
Hvordan går det med deg/ Pamela?	How are things with you/Pamela?
(Det går) bra/fint.	(Things are) fine.
(Jeg/Hun har det) bra/fint.	I am/She is fine.

Exercise 9

Write the following dialogue in Norwegian. You run into an old friend.

You: Greet your friend.
Friend: Returns your greetings.
You: Say it's nice to see him. Ask how he is.
Friend: Says he's fine. Asks how things are with you.
You: Say that things are fine.
Friend: Asks how Pamela is.
You: Say she's fine.
Friend: Asks how Anders and Marit are.
You: Say they are also fine. They are in Oslo.

Listening comprehension

Monica's family

If you have the cassettes, listen to the Listening comprehension exercise until you can answer (in English) the questions below. If you do not have the cassettes, find the text in the Key to exercises, read it and form your answers.

1 What nationality is Monica?
2 Where does she live?
3 To whom is she married?
4 Where does her husband come from?
5 What is their child called?
6 What languages does the child speak?
7 Where do the parents work?

2 Håkon på jobb

Håkon at work

In this lesson you will learn about:

- Points of the compass
- Gender of nouns
- Nouns and their articles in the singular
- Word order in simple sentences
- How to negate simple sentences
- Norwegian numbers and money

Reading text

See if you can make sense of the following text, using only the map and the few words here below:

hav	ocean	**en fjord**	a fjord
hovedstad	capital	**en isbre**	a glacier
ligger	lie(s)	**mellom**	between
en by	city, town		

Norge

Norge er et land. Øst for Norge er Sverige, Finland og Russland. I nord ligger et hav som heter Nordishavet, i vest Nordsjøen og i sør Skagerrak. Hovedstaden i Norge heter Oslo. Bergen er en stor by som ligger i vest. Tromsø ligger langt mot nord. Mellom Tromsø og Trondheim ligger Bodø. Sognefjorden er en lang fjord som ligger i Vest-Norge. Jostedalsbreen er en isbre som ligger nord for Sognefjorden.

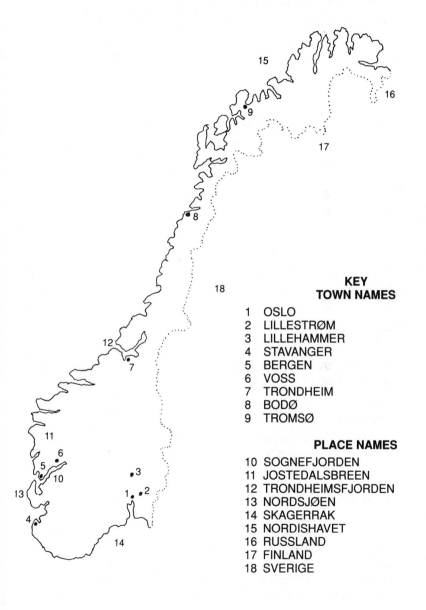

KEY
TOWN NAMES

1 OSLO
2 LILLESTRØM
3 LILLEHAMMER
4 STAVANGER
5 BERGEN
6 VOSS
7 TRONDHEIM
8 BODØ
9 TROMSØ

PLACE NAMES

10 SOGNEFJORDEN
11 JOSTEDALSBREEN
12 TRONDHEIMSFJORDEN
13 NORDSJØEN
14 SKAGERRAK
15 NORDISHAVET
16 RUSSLAND
17 FINLAND
18 SVERIGE

Language in use

Points of the compass

The points of the compass are:

øst	east	**nord**	north
vest	west	**sør**	south

and they are used in phrases like:

øst for, vest for, etc.	to the east of, to the west of, etc.
i nord, i sør, etc.	in the north, in the south, etc.
mot nord, mot sør, etc.	towards the north, towards the south, etc.

Likewise we have:

sørlig, østlig, etc.	southern, eastern, etc.
vestfra, nordfra, etc.	from the west, from the north, etc.

Exercise 1

Write a short essay on another country, similar to the one about **Norge** above.

Dialogue

Håkon is asking his class some general questions on geography

HÅKON: Hva er Norge?
KLASSEN: Det er et land.
HÅKON: Hva er Bergen?
KLASSEN: Det er en by i Vest-Norge.
HÅKON: Hva er Oslo?
KLASSEN: Det er hovedstaden i Norge.
HÅKON: Hva er Jostedalsbreen?
KLASSEN: Det er en isbre som ligger nord for Sognefjorden.

HÅKON: *What is Norway?*
CLASS: *It is a country.*
HÅKON: *What is Bergen?*
CLASS: *It is a town in West Norway.*
HÅKON: *What is Oslo?*
CLASS: *Oslo is the capital of Norway.*

HÅKON: *What is Jostedalsbreen?*
CLASS: *It is a glacier which lies north of Sognefjorden.*

Note: 'It is' will always be translated by **Det er**, when used just to identify something. Gender is irrelevant.

Language points

The gender of nouns

Nouns: My *son* is a *teacher*.

Nouns can have three genders in Norwegian, masculine, feminine and neuter.

Masculine	*Feminine*	*Neuter*
en by a town	**en/ei elv** a river	**et land** a country

Nouns and their articles in the singular

Definite article: *The* woman has a daughter.
Indefinite article: The woman has *a* daughter.

(a) The *indefinite articles* are **en** for masculine, **en/ei** for feminine, and **et** for neuter. In the singular indefinite form the article precedes its noun and is separated from it as in English:

Masculine, sing., indef.	*Feminine, sing., indef.*	*Neuter, sing. indef.*
en by a town	**en/ei elv** a river	**et land** a country

(b) The *definite articles* in the singular (**-en** for masculine, **-en/-a** for feminine and **-et** for neuter) are attached to the end of the noun:

Masculine, sing., def.	*Feminine, sing., def.*	*Neuter, sing., def.*
byen the town	**elven/elva** the river	**landet** the country

Note: some feminine nouns have compulsory feminine gender, and these always take the article **ei** in the indefinite singular form and **-a** in the definite singular form. In most cases though, there is a choice between the feminine gender (**ei elv, elva**) and the 'common gender' (**en elv, elven**), which is identical to the masculine gender. In general the feminine form is more informal, while the common gender is used more in written texts.

You cannot predict the gender of most nouns, so the indefinite article should be learned together with the noun. In the vocabulary lists the gender of a noun will be indicated in this way:

by (en, ...)   town
elv (en/ei, ...)   river
land (et, ...)   country

where **en, en/ei** or **et** immediately after the noun shows its gender.

Note: except in the few cases where the final **-e** of a noun is stressed, the **-e** from the article is dropped in the definite form of nouns ending in **-e**.

Indefinite		*Definite*	
en time	an hour	**timen**	the hour
et fylke	a county	**fylket**	the county
but			
en isbre	a glacier	**isbreen**	the glacier

(There will be more about nouns and articles in Lesson 3, and under adjectives in Lessons 5 and 7.)

Exercise 2

This time it is your turn to answer the geographical questions, following the pattern from the dialogue above. If by any chance you don't know the answer to a question, just write **Jeg vet ikke**, the Norwegian equivalent to 'I don't know'.

Note about **i** and **på**:

i Norge	in Norway	**i Europa**	in Europe
i Oslo	in Oslo	**på en/ei øy**	on an island

1 Hva er Bergen?
2 Hva er London?
3 Hva er Sognefjorden?
4 Hva er Italia?
5 Hva er Hamburg?
6 Hva er Paris?
7 Hva er Russland?
8 Hva er Nordishavet?
9 Hva er Jostedalsbreen?

Exercise 3

Translate the nouns in brackets, remembering to get the gender as well as the form right.

(1: The woman) in (2: the house) next door to mine is usually out in (3: the morning). She cleans for (4: a teacher). I don't know what (5: the man) in the house does for a living. There are twins in (6: the family), (7: a son) and (8: a daughter). (9: The daughter) goes to a local school and is said to like (10: the teaching) there.

The whole family recently went to (11: a town) called Bodø for a holiday. (12: The car) had a puncture, unfortunately, near (13: a fjord) called Trondheimsfjorden. (14: The father) thought it would take only (15: a moment) to change (16: the wheel), but it turned out to be a full hour's work. (17: The son) was said to have threatened to take (18: the train) home.

Exercise 4

Which word is the odd one out – and why?

1 Sverige, tysk, norsk, engelsk
2 gå, oversette, fjord, male
3 lese, svare, spørre, snakke
4 land, sy, isbre, by
5 datter, sønn, lærer, tog

Dialogue 📼

A colleague is talking to Håkon at school

KOLLEGAEN: Snakker du andre språk enn norsk og engelsk?
HÅKON: Ja, heldigvis snakker jeg tysk også.
KOLLEGAEN: Jeg snakker dessverre ikke tysk, men jeg forstår det. Hva med din kone?
HÅKON: Pamela? Hun snakker alle språk!
KOLLEGAEN: Snakker dere norsk eller engelsk hjemme?
HÅKON: Vanligvis snakker vi norsk.

COLLEAGUE: *Do you speak other languages than Norwegian and English?*
HÅKON: *Yes, luckily I also speak German.*

COLLEAGUE: *Unfortunately I don't speak German, but I understand it. What about your wife?*
HÅKON: *Pamela? She speaks all languages!*
COLLEAGUE: *Do you speak Norwegian or English at home?*
HÅKON: *Usually we speak Norwegian.*

Language points

Word order in simple sentences

Subject: *Pamela* speaks English.
Verb: Pamela *speaks* English.

Normal word order in a Norwegian simple sentence is: first the subject and, immediately after it, the finite verb (a finite verb is a verb in the present tense, the past tense or the imperative).

Pamela har oversatt boken.
Pamela has translated the book.
Hun snakker alle språk.
She speaks all languages.

Pamela and **hun** are the subjects, while **har** and **snakker** are the finite verbs.

A schematic view of the last sentence above would look like this:

F	v	n	Others
Hun	snakker	—	alle språk

F stands for Front, and this column will contain any word or group of words that come at the front of the sentence. As we have seen, this is often the subject. Finite verbs will have their place under *v*. If any word or phrase other than the subject is fronted (moved to the front), the subject belongs under *n* (for nominal – a noun or pronoun, for example), and comes immediately after the verb. This is called *inverted word order*.

Vanligvis snakker vi norsk.

F	v	n	Others
Vanligvis	snakker	vi	norsk

Exercise 5

Write down all subject–verb groups from the first reading text in Lesson 1. (You have already put *n* under many of the subjects and *v* under the verbs.)

Exercise 6

Move the word or phrase in italics to the front, rearranging the sentences as necessary:

1 Bodø ligger *sør for Tromsø*.
2 Jeg er *dessverre* lærer.
3 Vi bor *her*.
4 Jeg kjenner ikke *Håkons datter*.
5 Pamela reiser til Oslo *hver dag*.
6 Jeg snakker *heldigvis* engelsk.

Dialogue 🔊

Håkon is approached by another colleague during the lunch break

KOLLEGAEN: Har du en sigarett?
HÅKON: Nei, fra i dag av røyker jeg ikke mer.
KOLLEGAEN: Hva sier du? Er det sant?
HÅKON: Ja, jeg har røkt min siste sigarett nå.
KOLLEGAEN: Hvorfor det?
HÅKON: Jeg tjener ikke nok penger.

COLLEAGUE: *Do you have a cigarette?*
HÅKON: *No, from today I'm not smoking any more.*
COLLEAGUE: *What (lit.: What do you say)? Is it true?*
HÅKON: *Yes. I've smoked my last cigarette now.*
COLLEAGUE: *Why?*
HÅKON: *I don't earn enough money.*

Language points

How to make a simple sentence negative

A negated sentence: I don't earn enough.

To negate a simple sentence, Norwegian inserts the negative word (for instance **ikke**) in the column *a* (which stands for adverb or adverbial phrase), immediately after the subject–verb group, no matter whether the word order is normal or inverted. Norwegian has no equivalent to the English use of 'to do' in negative sentences.

Normal word order + negation:

Jeg tjener ikke nok.

F	v	n	a	*Others*
Jeg	tjener	—	ikke	nok

Inverted word order + negation:

Fra i dag av røyker jeg ikke.

F	v	n	a	*Others*
Fra i dag av	røyker	jeg	ikke	—

Note: in sentences with inverted word order, if the subject (*n*) is a noun or a proper name, the adverb or adverbial phrase (*a*) is normally placed in front of the subject (*n*).

Fra i dag av røyker ikke Håkon.

F	v	a	n	*Others*
Fra i dag av	røyker	ikke	Håkon	—

Exercise 7

Insert **ikke** in the following sentences:

1 Håkons sønn heter Anders.
2 Heldigvis bor jeg i en by.
3 De kjører til Oslo hver dag.
4 Vi har to barn.
5 Jeg snakker fransk.
6 Vanligvis snakker Pamela norsk hjemme.

Pronunciation practice 🔲

The letter y

The Norwegian letter **y** is pronounced very differently from the English 'y'. You will come close to this by trying to say 'ee' in 'bee' with rounded lips!

Now practise on these:

fylke, byen, sy, Tyskland, yrke, lys

Language in use

Norwegian numbers

0	**null**	16	**seksten**
1	**en/ett**	17	**sytten**
2	**to**	18	**atten**
3	**tre**	19	**nitten**
4	**fire**	20	**tjue**
5	**fem**	21	**tjueen**
6	**seks**	30	**tretti**
7	**sju**	40	**førti**
8	**åtte**	50	**femti**
9	**ni**	60	**seksti**
10	**ti**	70	**sytti**
11	**elleve**	80	**åtti**
12	**tolv**	90	**nitti**
13	**tretten**	100	**(ett) hundre**
14	**fjorten**	1000	**(ett) tusen**
15	**femten**		

Note: **en** and **ett** are the only numerals to be affected by gender.

Exercise 8

What are the following numbers?

1 femtito
2 nittiåtte
3 syttien
4 tjuesju

5 trettiseks
6 førtitre
7 åttini
8 sekstifem

Pronunciation practice 🔲

Numbers

If you have the cassettes, listen to how the numbers are pronounced and try to pronounce them yourself. Then learn as many by heart as you can manage.

Dialogues 🔲

An American tourist walks into a bank in Norway

TURISTEN:	Kan jeg få veksle noen amerikanske dollar?
BANKASSISTENTEN:	Ja, hvor mange?
TURISTEN:	Hundre.
BANKASSISTENTEN:	Ja, det er i orden.
TURISTEN:	Hva er kursen i dag?
BANKASSISTENTEN:	Det vet jeg ikke. La meg se.

TOURIST:	*Could I change (lit.: Can I get to change) some American dollars?*
BANK CLERK:	*Yes, how many?*
TOURIST:	*A hundred.*
BANK CLERK:	*Yes, that's OK.*
TOURIST:	*What is the exchange rate today?*
BANK CLERK:	*I don't know. Let me see.*

Another foreigner is in a Norwegian bank

TURISTEN:	Kan De løse inn en reisesjekk for meg?
BANKASSISTENTEN:	Ja, har De passet Deres med?
TURISTEN:	Nei dessverre.
BANKASSISTENTEN:	Førerkortet Deres?
TURISTEN:	Ja. Her er førerkortet mitt.
BANKASSISTENTEN:	Fint. Vil De skrive under her?
TURISTEN:	Ja. – Vær så god.

TOURIST:	*Could you cash a traveller's cheque for me?*
BANK CLERK:	*Yes, have you got your passport with you?*
TOURIST:	*No, unfortunately.*
BANK CLERK:	*Your driving licence?*
TOURIST:	*Yes. Here is my driving licence.*
BANK CLERK:	*Fine. Would you sign here, please?*
TOURIST:	*Yes. – There you are.*

Language in use

Norwegian money

The Norwegian monetary unit is **1 krone** = **100 øre.**

The coins (**myntene**) are:	They are referred to as:
10 øre	**en tiøring**
50 øre	**en femtiøring**
1 krone	**en krone**
5 kroner	**en femmer/femkrone/femkroning**
10 kroner	**en tier/tikrone/tikroning**

The notes (**sedlene**) are:

50 kroner	**en femtilapp/femtikroneseddel**
100 kroner	**en hundrelapp/hundrekroneseddel**
1000 kroner	**en tusenlapp/tusenkroneseddel**

The word for 'money' – **penger** – is plural:

> **Den gamle damen har mange penger.**
> The old lady has much money. (*lit.:* many moneys)
> **De ligger under madrassen hennes.**
> It is (*lit.:* They lie) under her mattress.

Some useful phrases:

> **Kan jeg betale med sjekk?**
> Can I pay with a cheque?
> **Jeg har dessverre ingen kontanter igjen.**
> Unfortunately I haven't got any cash left.
> **Kan du/De gi tilbake på en hundrelapp?**
> Do you have change for a hundred-krone-note?
> **Jeg har ikke småpenger/vekslepenger.**
> I haven't any (small) change.

Listening comprehension 🔲

Numerals

If you have the cassettes, listen now to the listening comprehension exercise there. Otherwise, read the text in the Key. Then give short answers to the questions.

(a) How old is Anders?
(b) How old is Marit?
(c) How old is Pamela?
(d) How old is Håkon?
(e) How far south is Oslo from Trondheim?
(f) How far north is Tromsø from Trondheim?
(g) How far is it between Oslo and Tromsø?
(h) How long is Sognefjorden?
(i) How long is Trondheimsfjorden?
(j) How large is Jostedalsbreen?
(k) How many people live in Norway?

3 På innkjøp

Out shopping

In this lesson you will learn about:

- The plural of nouns
- Words and phrases used in a shopping situation
- Yes/no questions and the use of **nei**, **ja** and **jo**
- Dates, days, months and festive seasons
- Congratulations and good wishes

Dialogue 🔊

Pamela is at the greengrocer's

PAMELA:	Hva koster gulrøttene?
GRØNNSAKHANDLEREN:	Ti kroner kiloet.
PAMELA:	Jeg vil gjerne ha et kilo gulrøtter og fire epler.
GRØNNSAKHANDLEREN:	Gjerne!
PAMELA:	Har du noen valnøtter?
GRØNNSAKHANDLEREN:	Nei, dessverre. – Var der noe annet?
PAMELA:	Ja takk. To bananer. Det var alt.
GRØNNSAKHANDLEREN:	Det blir akkurat atten kroner.
PAMELA:	Vær så god.
GRØNNSAKHANDLEREN:	Mange takk. Hei, du glemmer eplene!

PAMELA:	*How much are the carrots?*
GREENGROCER:	*Ten kroner a kilo.*
PAMELA:	*Could I have one kilo of carrots and four apples please?*
GREENGROCER:	*With pleasure!*

PAMELA: *Have you any walnuts?*
GREENGROCER: *No, unfortunately. – Was there anything else?*
PAMELA: *Yes please. Two bananas. That was all.*
GREENGROCER: *That'll be exactly eighteen kroner.*
PAMELA: *There you are.*
GREENGROCER: *Thank you. – Hey, you're forgetting the apples.*

Language points

The plural of nouns

Noun, plural, indefinite: He sells *apples* and *bananas.*
Noun, plural, definite: *The bananas* are expensive.

Most nouns take the ending **-er** in the indefinite plural form and **-ene** in the definite plural form:

Singular (indefinite)	*Plural (indefinite)*		*Plural (definite)*	
en banan a banana	**bananer**	bananas	**bananene**	the bananas
en/ei nøtt a nut	**nøtter**	nuts	**nøttene**	the nuts
et vindu a window	**vinduer**	windows	**vinduene**	the windows

Most monosyllabic neuters have no ending in the indefinite plural, but **-ene** in the definite plural.

et land a country	**land** countries	**landene** the countries

Note 1: in the definite plural form of neuter nouns there is usually a choice between **-ene** and **-a**. The **-a** form is very informal while the **-ene** form is usually found in writing. Only a few nouns only take the **-a** form.

Note 2: most nouns of more than one syllable ending in an unstressed **-e** have only **-r** in the indefinite plural form and **-ne** in the indefinite plural form. If the **-e** is stressed, they have normal endings (as in the definite singular form):

et eple an apple	**epler** apples	**eplene** the apples
en isbre a glacier	**isbreer** glaciers	**isbreene** the glaciers

All information needed about how to construct the plural of a specific noun is given in the glossary in the following manner:

banan (en, -er) banana
nøtt (en/ei, -er) nut
land (et, –) land
eple (et, -r) apple

As you already know, **en**, **en/ei** or **et** in the brackets shows the gender of the noun. The other piece of information tells you how to construct the plural form of the word:

banan will add **-er** in the plural and become **bananer**.
nøtt will be **nøtter**.
land will add nothing, so the word **land** can be either singular or plural.
eple will add **-r** and become **epler**.

There are some irregularities as well, but in these cases the whole plural form is given in the vocabulary:

gulrot (en/ei, gulrøtter) carrot

where **gulrøtter** means 'carrots'.

Exercise 1

Write down the Norwegian translation of the words in brackets. Make sure you use the right gender and number.

I like (1: grapes), but (2: the grapes) you can buy just now are so expensive. I'll have to make do with (3: apples), (4: pears) and (5: bananas). But then, (6: a banana) I bought yesterday was not worth eating!

My (7: family) is fond of (8: animals), so we have (9: a cat), (10: a dog) and some (11: fish). I know we have also got (12: mice) in the cellar, but (13: the cat) takes care of them for me!

Norway is reigned over by (14: a king) and England by (15: a queen), who both have (16: sons) to succeed them. Queen Elizabeth has four (17: children) one of whom is (18: a daughter). King Harald's (19: son) is called Håkon Magnus. Crown Prince Håkon Magnus has one (20: sister) but no (21: brothers).

Language in use

Words and phrases for shopping

Kan jeg hjelpe deg/Dem?	Can I help you?
Var der noe annet?	Was there anything else?
Jeg vil gjerne ha ...	Please could I have ...
Jeg skal ha ...	I would like ...
Hva koster ...?	How much is/are...? (*lit.:* What does/do ... cost?)
Hvor mye koster ...?	How much is/are ...?
x kroner stykket	x kroner each (a piece)
x kroner kiloet	x kroner a kilo
Hvor mye blir det?	How much is that all together?
for dyr/for billig	too expensive/too cheap

Note 1: the expression **Vær så god** is used far more commonly than its English equivalents of 'There you are' and 'Here you are'. It can also be used to give permission for a request:

Ja, vær så god.	Yes, do carry on.

Note 2: whether to address a shopkeeper with **du** or **De** depends on the circumstances. You might find him/her saying **du** to you straight away, and then you just follow suit!

Exercise 2

Make up the dialogue between yourself and the greengrocer.

You:	Ask how much the bananas are.
Greengrocer:	Says they are 3 kroner each.
You:	Say you'd like to have 4 bananas. Ask if he has any grapes.
Greengrocer:	Regrets there aren't any.
You:	Ask how much the pears are.
Greengrocer:	Says they are 16 kroner a kilo.
You:	Ask for a kilo. Then say that that is all.
Greengrocer:	Says it will be 28 kroner.
You:	Ask if he has got change for a hundred-krone-note and say you haven't any small change.
Greengrocer:	Says yes.
You:	Handing him the money you say 'Here you are'.

GREENGROCER: Handing you the change back. He expresses his thanks.

Reading text

A sporty Royal Family

Norges konge heter Kong Harald. Han er gift med dronning Sonja. De har to barn, en sønn som heter kronprins Håkon Magnus og en datter som heter prinsesse Märtha Louise.

Hele familien liker sport og friluftsliv. Kongen er en mester i å seile. Han har mange medaljer fra konkurranser. Dronningen liker å gå på ski, både langrenn og slalom. Märtha Louise er glad i hester og liker å ri, og Håkon Magnus er interessert i mange sportsgrener, bl.a. sykling, seiling og elvepadling.

Vocabulary

friluftsliv	outdoor life	**langrenn (et, –)**	cross-country
medalje	medal	**ri (red, ridd)**	ride
(en/ei, -r)		**sportsgren**	type of sport
konkurranse	competition	**(en/ei, -er)**	
(en, -r)		**bl.a. (blant annet)**	among others
gå (gikk, gått)	go skiing	**elvepadling**	river rafting
på ski		**(en/ei, –)**	

Exercise 3

Write a short essay to the same pattern as the reading text above, about a person you know or know of.

Dialogue 🔲

Pamela is talking to a colleague

PAMELA: Går du ofte i teateret?
KOLLEGAEN: Ja, jeg elsker opera.
PAMELA: Synger du selv?
KOLLEGAEN: Nei, dessverre. Men faren min er operasanger.
PAMELA: Er han? Opptrer han her i Oslo?

KOLLEGAEN: Ja, på Den norske operaen. Visste du ikke det?

PAMELA: *Do you often go to the theatre?*
COLLEAGUE: *Yes, I love opera.*
PAMELA: *Do you sing yourself?*
COLLEAGUE: *Unfortunately no. But my father is an opera singer.*
PAMELA: *Is he? Does he perform here in Oslo?*
COLLEAGUE: *Yes, at The Norwegian Opera. Didn't you know that?*

Language points

Yes/no questions

Questions that will only need 'yes' or 'no' for an answer are formed simply by swapping around (inverting) the verb and the subject.

Går du ofte i teateret?	Do you often go to the theatre?
Synger du selv?	Do you sing yourself?
Er han?	Is he?
Visste du ikke det?	Didn't you know that?

Here is the pattern:

F	v	n	a	Others
—	Går	du	ofte	i teateret?
—	Synger	du	—	selv?
—	Er	han?		
—	Visste	du	ikke	det?

Note: the negative word (here **ikke**) stays put, and in this type of question no other word or phrase can precede the verb. Remember that the form of the verb does not change.

Exercise 4

Write questions suitable for the following answers, trying to make some of the questions negative:

1 Nei, vi bor på Lillestrøm.
2 Nei, hun snakker engelsk.
3 Nei, Bergen er en by i Vest-Norge.

4 Nei, han heter Håkon.
5 Nei, jeg arbeider i Oslo.

Dialogue 🔘

A customer approaches Pamela at the tourist office

PAMELA: Kan jeg hjelpe Dem?
KUNDEN: Ja takk. Vi har to dager i Oslo. Hva bør vi se?
PAMELA: Har De vært i Oslo før?
KUNDEN: Nei, aldri.
PAMELA: Har De aldri vært i Norge før?
KUNDEN: Jo, for fire år siden. Vi var i Trondheim.

PAMELA: *Can I help you?*
CUSTOMER: *Yes please. We have two days in Oslo. What should we see?*
PAMELA: *Have you been to Oslo before?*
CUSTOMER: *No, never.*
PAMELA: *Have you never been to Norway before?*
CUSTOMER: *Yes, four years ago. We were in Trondheim.*

Language points

The use of nei, ja and jo when answering yes/no questions

The word used when you want to give a negative answer to any question is **nei.**

Har De vært i Oslo før? Nei, aldri.

To give an affirmative answer to a question the following rules apply:

(a) The affirmative answer to a positive question is **ja:**

Kan jeg hjelpe Dem? Ja takk.

(b) The affirmative answer to a negative question is **jo:**

Har De aldri vært i Norge før? Jo, for fire år siden.

(For the construction of short answers see Lesson 10.)

Exercise 5

Answer the following questions with a simple **ja, nei** or **jo** as appropriate:

1 Reiser ikke Pamela til Oslo hver dag?
2 Arbeider Håkon i Oslo?
3 Bor Pamela og Håkon på Lillestrøm?
4 Snakker ikke Pamela norsk?
5 Arbeider du i Norge?
6 Bor du i England?
7 Ligger ikke Tromsø nord for Bodø ?

Dialogue 🔲

Pamela wakes Anders up

PAMELA: Og hvilken dag er det i dag?
ANDERS: Åttende april!
PAMELA: Og hva betyr det?
ANDERS: Det er fødselsdagen min!
PAMELA: Og hvor gammel er du?
ANDERS: 7 år.
PAMELA: Ja! – Gratulerer!
ANDERS: Takk! Hvor er gavene?

PAMELA: *And what day is it today?*
ANDERS: *The eighth of April!*
PAMELA: *And what does that mean?*
ANDERS: *It is my birthday!*
PAMELA: *And how old are you?*
ANDERS: *Seven years.*
PAMELA: *Yes! - Many happy returns!*
ANDERS: *Thank you! Where are the presents?*

Language in use

Ordinal numbers

Ordinal numbers: Today is the *tenth* of April

Apart from the numbers from 1 to 6, and 11 and 12, the ordinal numbers are the cardinal numbers made to end in **-ende**.

ni/ende
atten/de
førti/ende

Exercise 6

Below you will find the first twenty ordinal numbers. Knowing the numbers you do, can you put them in the correct order?

fjerde	attende	sjuende	trettende
niende	første	tjuende	ellevte
sjette	tredje	femtende	tolvte
fjortende	tiende	femte	andre
syttende	sekstende	åttende	nittende

Now learn them by heart!

Language in use

Days, months and festive seasons of the year 🔲

The Norwegian words for days of the week are:

mandag, tirsdag, onsdag, torsdag, fredag, lørdag, søndag

The months are:

januar, februar, mars, april, mai, juni, juli, august, september, oktober, november, desember

The festive seasons of the year are:

nyttår, påske, pinse, jul

Note: capital letters are not used for days, months or festive seasons.

Exercise 7

Complete the sentences by filling in the appropriate month:

1 Det er alltid jul i _____.
2 Det er alltid nyttårsdag i _____.
3 Jeg har sommerferie i _____.

4 Fastelavn er ofte i _____.
5 Det er nesten alltid pinse i _____.
6 Jeg har fødselsdag i _____.
7 Thanksgiving-dag i Amerika er i _____.
8 Det er nesten alltid påske i _____.
9 St Hans er i _____.

Language in use

Dates

While in English dates can be expressed in two ways ('the eighth of April' or 'April the eighth'), Norwegian has only one way, which is: an ordinal number + the name of the month:

(den) åttende april
(den) tjuefemte juli

The written forms found are:

> **8. april 1972/8.4.1972**
> **25. juli 1856/25.7.1856**

Congratulations and good wishes ⟦oo⟧

Gratulerer means 'Congratulations', 'Many happy returns'.

Gratulerer med dagen!	Happy birthday!
Gratulerer med eksamen!	Congratulations on your exam!

God ... means 'Have a nice ...'

God ferie!	Have a nice holiday!
God helg!	Have a nice weekend!
God tur!	Have a good journey!
God bedring!	Get better soon!
God morgen!	Good morning!
God dag!	Hello! (*lit.:* Good day!)
God kveld!	Good evening!
God natt!	Good night!
God jul!	Merry Christmas!
Godt nyttår!	Happy New Year!
God påske!	Happy Easter!
Lykke til!	Good luck!

Exercise 8

Which word is the odd one out – and why?

1	eple	gulrot	banan	pære
2	øyer	byer	fjord	isbreer
3	katt	hund	mus	fisk
4	sønner	boken	datter	gaven

4 Hjemme

At home

Dialogues 🔲

Håkon's brother Petter rings Håkon's home

PAMELA: Dale.
PETTER: Hallo Pamela! Det er Petter. Er Håkon der?
PAMELA: Nei, han er ikke kommet hjem ennå.
PETTER: Nei vel, det gjør ikke noe.
PAMELA: Skal jeg be ham ringe deg?
PETTER: Nei, jeg ringer igjen senere.

PAMELA: *Dale.*
PETTER: *Hello Pamela! It's Petter. Is Håkon there?*
PAMELA: *No, he hasn't come home yet.*
PETTER: *Oh well, it doesn't matter.*
PAMELA: *Shall I ask him to ring you?*
PETTER: *No, I'll ring again later.*

Pamela answers the phone at work

PAMELA: Oslo turistinformasjon.
KUNDEN: Hallo. God dag. Det er Ole Jensen. Kan jeg få snakke
med Anna Olsen?
PAMELA: Et øyeblikk. – Nei hun er dessverre opptatt.
KUNDEN: Å, det var synd.
PAMELA: Kan jeg gi henne en beskjed?
KUNDEN: Nei, det er ikke nødvendig. Er Pamela Dale der?
PAMELA: Ja, det er meg.

PAMELA: *Oslo tourist office.*
CUSTOMER: *Hello. (Good morning.) This is Ole Jensen speaking.*
Could I speak to Anna Olsen?
PAMELA: *Just a moment. – No I'm afraid she's busy.*
CUSTOMER: *Oh, that's a pity.*
PAMELA: *Can I give her a message?*
CUSTOMER: *No, that is not necessary. Is Pamela Dale there?*
PAMELA: *Speaking (lit.: Yes, it's me).*

Language in use

Telephone conversations

The person answering the phone may

(a) give her/his own name
(b) just say: **Hallo!**
(c) give the name of the office/shop, etc.

Useful phrases for the conversation:

Hallo!	Hello!
Kan jeg få snakke med x?	Could I speak to x?
Det er meg.	Speaking.
Hvem snakker jeg med?	Who's calling?
Er x hjemme?	Is x at home?
x er opptatt.	x is busy.
Skal jeg be x ringe?	Shall I ask x to ring?
Kan jeg gi x en beskjed?	Can I give x a message?
Vil du/De vente?	Will you hang on?
Et øyeblikk!	Just a moment!
Du/De har fått feil nummer!	You've got the wrong number!

Hei!	Goodbye!
Ha det!	Bye!

Dialogue ⚏

Pamela talks to Håkon about a friend's good luck

PAMELA: Har du hørt om Atle?
HÅKON: Nei. Hva er det med ham?
PAMELA: Han har vunnet en bil.
HÅKON: Hvem har sagt det?
PAMELA: Jeg har nettopp snakket med Else.

PAMELA: *Have you heard about Atle?*
HÅKON: *No. What about him?*
PAMELA: *He has won a car.*
HÅKON: *Who says? (lit.: Who has said that?)*
PAMELA: *I have just spoken to Else.*

Language points

The five groups of verbs

Norwegian verbs can be divided into five groups, of which four are fairly similar in conjugation, while the last group consists of irregular verbs. Below you will see an example from each of the groups.

Group 1:	**kaste**	throw
Group 2:	**lese**	read
Group 3:	**prøve**	try
Group 4:	**bo**	live
Group 5:	**gå**	walk

The stem of the verb

By removing the **-e** from the infinitive (when appropriate) you get a basic core of the verb, a form of the verb which is called the *stem*, on to which certain endings are added:

Infinitive		*Stem*
(å) kaste	throw	**kast**
(å) gå	walk	**gå**

The past participle

Past participle: Susan has just *called.*

The past participle of a verb is formed as follows:

 Group 1: **kaste (-et, -et)** Add **-et** to the stem: **kast + et: kastet**
 Group 2: **lese (-te, -t)** Add **-t** to the stem: **les + t: lest**
 Group 3: **prøve (-de, -d)** Add **-d** to the stem: **prøv + d: prøvd**
 Group 4: **bo (-dde, -dd)** Add **-dd** to the stem: **bo + dd: bodd**

The endings in the brackets are the ones you will find in the glossary. The last ending in each bracket forms the past participle. The other endings in the brackets will be explained in Lesson 9.

Note: verbs with a stem ending in **-ll**, **-mm** or **-nn** drop their last letter before the ending in Group 2:

Infinitive	*Stem*	*Past participle*
drømme dream	**drømm**	**drømt**

In the case of irregular verbs (Group 5) there are no rules for constructing the past participle, so this will be given in its entirety in the vocabulary lists and is the last form to appear in brackets after the verb:

 gå (gikk, gått) walk

(The other form in the brackets will be explained in Lesson 9.)

Exercise 1

Translate the past participles in italics into Norwegian and enter them in the crossword puzzle to give the solution to 12 down.

Across
 1 She had *locked* the doors.
 2 I have *given* the book to Pamela.
 3 Suddenly the light was *switched off.*
 4 Had she really *closed* her eyes?
 5 Who has *translated* this rubbish?
 6 Have you *remembered* the milkman?
 7 I have *thrown* it into the rubbish bin.
 8 I have *emptied* the whisky bottle.
 9 Who has *hidden* my cheque book?
 10 It has *happened* too many times now!
 11 I have *tried* it on already.

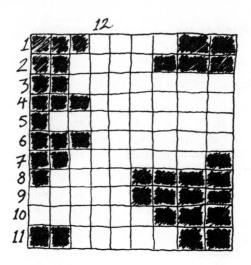

Down
12   En by i Norge.

Language points

The present perfect tense constructed with har

Auxiliary verb, present tense: Else *has* rung.
Past participle: Else has *rung*.
Present perfect tense: Else *has rung*.

The verbal forms 'has/have rung', 'has/have seen', 'has/have spoken' are all called the *present perfect*. Most Norwegian present perfects consist of **har** + *the past participle*.

Jeg har snakket med Else.	I have spoken to Else.
Jeg har hørt det.	I have heard it.
Atle har vunnet en bil.	Atle has won a car.

Exercise 2

You and your partner are going away on holiday. Just before leaving the house, you tell your partner what you've done to ensure that everything will be in order when you get back. Write down sentences like the one on p. 45, using the word pairs given. The noun may be used in either the singular or the plural.

Example: **varsle/nabo: Jeg har varslet naboene.**

1 vaske/badekar	4 ringe (til)/politi	7 lukke/garasje
2 avbestille/avis	5 huske/pass	8 slukke/lys
3 gjemme/radio	6 tømme/søppelbøtte	9 låse/dør

Language points

Transitive and intransitive verbs

Object: Martin likes *apples.*

As far as transitivity goes there are four types of verbs – in Norwegian as well as in English:

(a) Transitives
Some verbs will not occur without an object. These are called transitive verbs. A sentence like:

Pamela tømmer søppelbøttene.   Pamela is emptying the bins.

would not make any sense with the object left out. So **tømme** ('empty') is a transitive verb.

Note: verbs of being or becoming (**være, bli**) do not take an object, but add instead what is called a complement to make the sentence complete.

Håkon er lærer.   Håkon is a teacher.

(b) Intransitives
Some verbs cannot take an object. They are intransitive verbs.

Jeg kommer.   I'm coming.

Komme ('come') cannot take an object, so that is an intransitive verb.

Note: although intransitive verbs cannot be followed by an object, they can be followed by other words or phrases:

Jeg kommer om et øyeblikk.   I'm coming in a moment.
Pamela går i kirken.   Pamela goes to church.

(c) Either/or
The third group consists of verbs that can be either transitive or

intransitive. Let us take the verb **male** ('paint'). In the sentence:

Pamela maler huset.   Pamela is painting the house.

maler has **huset** as an object, so it functions as a transitive verb. But **male** does not always need an object. Look at the sentence:

Pamela maler.   Pamela is painting *or* Pamela
paints (i.e. is a painter).

Here **male** works perfectly well on its own, so now it functions intransitively.

(d) Ditransitives
There is also a small group of verbs called ditransitives, because they take two objects. **Gi** ('give') is one of them.

Pamela har gitt Marit et eple. Pamela has given Marit an apple.

(These will be dealt with in Lesson 19.)

Exercise 3

Consider the following verbs according to their transitivity, using *t* for transitives, *i* for intransitives, and *b* if they can function as both.

1 skrive	3 si	5 fange	7 gå	9 være
2 ta	4 forsvinne	6 komme	8 sitte	10 bruke

Dialogue 🔲

Håkon is in a hurry to be on time for an appointment

PAMELA: Er du kommet hjem allerede?
HÅKON: Ja, vi må skynde oss.
PAMELA: Skal vi ta bussen?
HÅKON: Nei, den er gått. Vi må ta bilen.
PAMELA: Skal Erik være med?
HÅKON: Nei, han er blitt syk.

PAMELA: *Are you home already? (*lit.: *Have you come home already?)*
HÅKON: *Yes, we must hurry up.*
PAMELA: *Shall we go by bus? (*lit.: *Shall we take the bus?)*
HÅKON: *No, it has left. We must take the car.*

PAMELA: *Will Erik come too?*
HÅKON: *No, he has been taken ill.*

Language points

The present perfect tense with er

The present perfect sometimes consists of **er** + *the past participle*. This can happen when the verb in the sentence meets both the following two requirements:

(a) it must not have an object
(b) it must indicate motion or change of state

    Er du kommet ... because **komme** ('come') has no object (is intransitive) and indicates motion.

    Den er gått ... because **gå** ('walk', here: 'leave') has no object and indicates motion.

    Han er blitt ... because **blitt** ('become') is intransitive and indicates change of state.

Note: **har** is taking over more and more from **er** in all contexts in Norwegian.

Exercise 4

Complete the following sentences and questions using **er** or **har**.

1 De ————— spist middag.
2 Hans ————— blitt lektor.
3 Nina ————— lest avisen.
4 De ————— sagt ja til invitasjonen.
5 Han ————— ringt til Hanne.
6 Datamaskinen ————— forsvunnet.
7 ————— han tatt den?
8 ————— Pamela kommet hjem?

Language points

The position of non-finite verbs

This is the time to expand our pattern a bit further, as you have now learnt to identify and use the past participles. They belong under *V*, non-finite verbal forms, along with infinitives.

F	v	n	a	V	Others
Han	er	—	—	blitt	syk
	Har	du	—	hørt	det?

As negations (here **ikke**) belong under *a*, the same sentences negated would look like this:

F	v	n	a	V	Others
Han	er	—	ikke	blitt	syk
	Har	du	ikke	hørt	det?

Exercise 5

Negate the sentences in Exercise 4. Follow the word order patterns given above.

Exercise 6

What have you yourself been doing over the last few days or years? Write down some short sentences, using the present perfect tense.

Dialogues 🔊

Pamela tells Anders off

PAMELA: Hvor er melken?
ANDERS: Jeg har drukket den.
PAMELA: Nå har vi ikke melk til i morgen tidlig.
ANDERS: Unnskyld. Det tenkte jeg ikke på.

PAMELA: *Where is the milk?*
ANDERS: *I have drunk it.*
PAMELA: *Now we have no milk for tomorrow morning.*
ANDERS: *I'm sorry. I didn't think of that.*

Håkon arrives home late from school

HÅKON: Beklager at jeg kommer så sent.

PAMELA: Det gjør ikke noe. Hva har du gjort?
HÅKON: Vi har hatt møte.
PAMELA: Nå kan vi endelig spise. Jeg er sulten.
HÅKON: Har dere ventet med middagen? Jeg er lei for det!
PAMELA: Blås i det!

HÅKON: *I'm sorry I'm so late.*
PAMELA: *That doesn't matter. What have you been doing?*
HÅKON: *We've had a meeting.*
PAMELA: *Now we can eat at last. I'm hungry.*
HÅKON: *Have you been waiting with the dinner? I'm sorry about that!*
PAMELA: *Never mind!*

Language in use

Making and accepting apologies

Saying sorry:

Unnskyld.	Sorry.
Det må du/De/dere unnskylde.	I am sorry (*lit.:* You must forgive me).
Beklager.	I am sorry.
Jeg er (veldig) lei (meg) for det.	I am (terribly) sorry about that.

Some neutral and polite answers are:

Det gjør ikke noe.	That doesn't matter!/Not at all!
Det gjør ingen ting.	That doesn't matter!/Not at all!
Ikke bry deg om det!	Don't worry about it!

However, you will sometimes hear family and friends saying:

Blås i det!	Never mind!

Exercise 7

Pamela and Marit are in the kitchen. Pamela opens the cupboard door. Write a dialogue.

PAMELA: Asks if Marit has seen the cakes.
MARIT: Says yes and explains that she has eaten two and Anders has also eaten two.

PAMELA: Complains that now they have no cakes to have with their evening coffee.
MARIT: Apologizes.

Exercise 8

Pamela and the children have sat down round the lunch table. Håkon comes in from the garden. Write a dialogue.

HÅKON: Asks if they have been waiting.
PAMELA: Says yes and asks what he's been doing.
HÅKON: Says he's been washing the car.
PAMELA: Asks if he's not hungry.
HÅKON: Says yes and apologizes for being so late.
PAMELA: Brushes the problem aside and tells him that Petter has rung and that he'll ring again later.
HÅKON: Asks how he is.
PAMELA: Says he's fine.

Reading text

Can you read the following with just one word given as help?

stryke (strøk, strøket)   fail

A student rings home

– Hallo! Er det deg, far? Jeg er lei for det, men jeg har strøket til eksamen.
– Det gjør ikke noe, gutten min. Blås i det!
– Hva sier du?
– Jeg sier at det gjør ingen ting.
– Unnskyld, jeg har fått feil nummer.

Language in use

How to say you have not heard or understood what was said

Hva sier du/De?	Sorry? (*lit.:* What do you say?)
Hva?	Sorry?/What?
Jeg forstår ikke hva du sier.	I don't understand what you're saying.
Det forstår jeg ikke.	I don't understand.
Hva betyr det?	What does that mean?
Si det en gang til!	Say it again, please!

Hva is not considered particularly polite, but is widely used among people who know each other.

5 Familien

The family

In this lesson you will learn about:

- Possessive adjectives and pronouns ('my/mine 'your/yours', etc.)
- Adjectives
- The genitive (indicating possession)
- Family names
- How to finish a conversation

Dialogue

Håkon has lost his cheque book

HÅKON: Har du sett sjekkheftet mitt?
PAMELA: Nei, men mitt sjekkhefte ligger i vesken min.
HÅKON: Jeg leter ikke etter ditt!
PAMELA: Har du sett etter i lommene dine?
HÅKON: Ja, og i alle skuffene mine.
PAMELA: Jeg kan betale rekningene våre denne måneden. Hvor mye står det på kontoen vår?

HÅKON: *Have you seen my cheque book?*
PAMELA: *No, but my cheque book is in my bag.*
HÅKON: *I am not looking for yours!*
PAMELA: *Have you looked in your pockets?*
HÅKON: *Yes, and in all my drawers.*
PAMELA: *I can pay our bills this month. How much is there in our account?*

Language points

Possessive adjectives and pronouns

Possessive adjectives (+ noun): Here is *my* cheque book.
Possessive pronoun (no noun): This cheque book is *mine*.

Singular		*Plural*	
min/mi/mitt/mine	my, mine	**vår/vårt/våre**	our, ours
din/di/ditt/dine **(Deres)**	your, yours	**deres (Deres)**	your, yours
hans	his	**deres**	their, theirs
hennes	her, hers		
(dens)	(its)		
(dets)	(its)		

Note 1: **dens** and **dets** are used only in poetic or very formal style.

Position
The possessive adjective can either precede or follow the noun:

Following the noun:
Har du sett sjekkheftet mitt? Have you seen my cheque book?

Preceding the noun:
Mitt sjekkhefte ligger her.   My cheque book is here.

The first construction is most often used in speech. Note that the noun must be in the definite form.

   The latter construction is more formal and used mostly in writing. It is also used when the possessive adjective is stressed: **Mitt sjekkhefte ligger her**. My cheque book is here. (Not yours!) The noun here must be in the indefinite form.

Note 2: **min, din** and **vår** inflect according to the noun they are attached to or refer to. Together with a noun in the singular they follow the gender of the noun.

bilen min	my car (**min** because it is **en bil**)
vesken min/veska mi	my bag (**min/mi** because it is **en/ei veske**)
sjekkheftet mitt	my cheque book (**mitt** because it is **et** **sjekkhefte**)

Together with a noun in the plural there is only one form:

veskene mine	my bags
sjekkheftene mine	my cheque books

The other possessives (**hans, hennes (dens, dets), deres**) do not change.

sjekkheftet hans	his cheque book (**et sjekkhefte**)
rekningene deres	their bills (**en/ei rekning-** **rekninger**)

Note 3: Norwegians do not distinguish between possessive adjectives and possessive pronouns, and the forms of the two are the same.

Possessive adjective	*Possessive pronoun*
bilen min	**Bilen er min.**
mitt sjekkhefte	**Sjekkheftet er mitt.**
rekningene våre	**Rekningene er våre.**

Note 4: the difference between **din/di/ditt/dine** and **Deres** and between **deres** and **Deres** is the same as the difference between **du** and **De**, and between **dere** and **De**. (See Lesson 1.)

Note 5: another possessive, **sin/si/sitt/sine**, also means 'his/her(s)/its', but will only refer back to the subject.

Pamela leter etter vesken sin.	Pamela is looking for her (own) bag.

But:

Pamela leter etter vesken hennes.	Pamela is looking for her (for instance, Marit's) bag.

(You'll find more about **sin/si/sitt/sine** in Lesson 18.)

Exercise 1

Translate the possessives in brackets (**sin/si/sitt/sine** cannot be used).

1 Familien (*our*) bor i Oslo.
2 Hvor bor (*your – sing/informal*) mor?
3 Hvor ligger huset (*her*)?
4 Vesken er (*hers*).
5 Snakker foreldrene (*your – sing/informal*) engelsk?
6 Faren (*their*) er lærer.
7 Hvor arbeider (*your – sing/formal*) søster?
8 (*My*) navn er Anna.
9 Vi elsker hagen (*ours*).
10 Rekningene er (*theirs*).

11 Det er (*his*) bror.
12 Huset i Oslo er (*mine*).
13 Er faren (*your – pl/informal*) død?
14 (*Her*) tante heter Ellen.
15 Er det (*yours – sing/informal*) blomster?

Reading text
Pamela tells about her life

Min mor og far er skilt. Min far har en leilighet i London, og min mor bor i et gammelt viktoriansk hus i Oxford. Huset til svigerforeldrene mine her på Lillestrøm er også gammelt. Det er ikke stort og har små rom, men jeg liker det. Der er en nydelig hage rundt huset, for svigerfaren min har grønne fingre.

Huset vårt er moderne og nytt. Barnas rom er store og ligger heldigvis langt fra stuen. Så kan Håkon og jeg overleve når alle vennene deres kommer på besøk! Anders' rom er alltid i orden. Men Marit er håpløs. Hennes rom er alltid rotet, og hun blir sur når jeg kjefter. Hagen vår er full av gamle frukttrær, og jeg tror vi har blå plommer nok til hele Lillestrøm! Håkon likner sin far. Han liker også å arbeide i hagen. Jeg synes det er mer interessant å lage spennende mat når jeg har tid. Vi hjelper alltid hverandre med innkjøp og rengjøring.

Vocabulary

skilt	divorced	**håpløs**	hopeless
små (pl)	small	**bli (ble, blitt) sur**	sulk
overleve (-de, -d)	survive	**likne (-et, -et)**	to be like
komme (kom, kommet)		**rengjøring (en)**	cleaning
på besøk	visit		

Language points
The genitive

The genitive form: The *children's* rooms.

To construct the genitive, Norwegian just adds an **-s** to any noun in any form:

Marits rom	Marit's room
barnas rom	the children's rooms
Anders' rom	Anders' room

Note 1: an apostrophe is used with the genitive only when the noun or name ends in an **s**-sound: **Anders' rom.**

Note 2: in colloquial Norwegian speech, a phrase with a preposition is often preferred to the **s**-genitive:

huset til svigerforeldrene mine	my parents-in-law's house
sjekkheftet til Håkon	Håkon's cheque book

Note 3: in some cases Norwegian can use **s**-genitive where English prefers a phrase with a preposition, but the genitive form is usually more formal than the prepositional phrase, which is preferred in colloquial speech:

s-genitive	*prepositional phrase*	
husets eier	**eieren av huset**	the owner of the house
Amerikas oppdagelse	**oppdagelsen av Amerika**	the discovery of America
årets måneder	**månedene i året**	the months of the year

Note 4: the Norwegian prepositions vary and do not necessarily correspond to the English.

Adjectival forms

An adjective: We live in an *old* house.

Most adjectives can appear in three different forms: the basic form, the **t**-form and the **e**-form:

Basic form	*t-form*	*e-form*
stor	**stort**	**store**
pen	**pent**	**pene**

Exceptions to the general pattern are:

(1) Some adjectives do not add **-t** in the **t**-form:

    (a) Adjectives ending in **-sk**:
        viktoriansk   **viktoriansk**   **viktorianske**

(b) Adjectives ending in **-ig**:
nydelig   nydelig   nydelige

(c) Adjectives ending in a **-t**:
interessant   interessant   interessante

(d) Some adjectives ending in **-d**:
glad   glad   glade

(2) Adjectives ending in a double consonant lose one of the consonants in front of the **-t** in the **t**-form:

grønn   grønt   grønne

(3) Adjectives ending in a stressed vowel add an extra **-t** in the **t**-form:

ny   nytt   nye

(4) The adjectives **blå** and **grå**: you can choose whether to add an **-e** in the **e**-form or not. It is most common to omit the **-e**:

blå   blått   blå
grå   grått   grå

(5) Adjectives ending in **-el**, **-en** or **-er** follow this pattern: in the **e**-form the **-e-** from the second syllable disappears and a double consonant is simplified:

gammel   gammelt   gamle

(6) Adjectives ending in an unstressed **-e** do not change at all:

moderne   moderne   moderne

(7) The only really irregular adjective is **liten**, which has five forms:
liten, **liten/lita**, **lite**, **små** and **lille**, which will be explained later.

Exercise 2

Write down the basic form, the **t**-form and the **e**-form of the Norwegian for the following adjectives:

1 tall	4 black	7 brown	10 thick
2 cheap	5 short	8 open	11 beautiful
3 Norwegian	6 hungry	9 grey	12 deserted

Language points

The use of the different adjectival forms

Indefinite forms
The adjective agrees with the gender and number of the noun it refers to: the basic form goes with a common gender (masculine or feminine) noun, the **t**-form with a neuter noun, and the **e**-form with all nouns in the plural:

Singular		*Plural*	
Masc. **en stor hage**	a large garden	**store hager**	large
Fem. **en/ei gul**	a yellow plum		gardens
plomme		**gule plommer**	yellow plums
Neut. **et gammelt**	an old window	**gamle vinduer**	old windows
vindu			

The same rules apply if the adjective appears later in the sentence than the noun it refers to, even when the noun is in the definite form:

Singular	*Plural*
Hagen er stor.	**Hagene er store.**
Plommen/Plomma er gul.	**Plommene er gule.**
Vinduet er gammelt.	**Vinduene er gamle.**

Note: the adjective **liten**. When attached to the noun:

Singular	*Plural*
Masc. **en liten hage**	**små hager**
Fem. **en liten/ei lita plomme**	**små plommer**
Neut. **et lite vindu**	**små vinduer**

When the adjective appears later in the sentence:

Hagen er liten.	**Hagene er små.**
Plommen er liten/Plomma er lita.	**Plommene er små.**
Vinduet er lite.	**Vinduene er små.**

(The definite form of the adjective will be dealt with in Lesson 7.)

Exercise 3

Translate the following sentences into Norwegian:

1 There are apples and plums on Håkon's and Pamela's fruit trees.

2 The plums are blue and the apples are red and beautiful.
3 The children eat fruit when they are hungry.
4 Bergen is a large Norwegian city.
5 Håkon has a modern English car.
6 Many houses around Oslo are old.

Language in use

Family relationships

mor	sønn	fetter	mann
far	datter	kusine	kone
farmor	niese	svigerfar	stefar
farfar	nevø	svigermor	stemor
mormor	tante	svoger	stebarn
svigerinne	barnebarn	morfar	stesøster
søster	onkel	svigersønn	stebror
bror	svigerdatter	søsken	

Note: Norwegians use the word **søsken**, meaning 'siblings', quite freely, where many English speakers prefer to talk of 'brothers and/or sisters'.

Bestemor is often used instead of **mormor** and **farmor**, and **beste-far** instead of **morfar** and **farfar**.

Exercise 4

Answer the following questions, using the words above.

1 Hvem er Pamelas sønn?
2 Hva heter Anders' far?
3 Har Anders søsken?
4 Hvor bor Marits mormor?
5 Hvem er Petter?
6 Er Petter Marits nevø?
7 Hvem er Petters nevø?
8 Hvor bor Pamelas svoger?
9 Hvor bor Håkons svigerfar?
10 Hva heter Petters bror?

Exercise 5

Write about your family and relatives, practising the genitive as well as the vocabulary list above.

Example: **Min kusines mann heter Olav. Jeg har en gammel mormor i Oslo.**

Dialogue 🔲

Pamela is finishing a chat in the street with a friend, Trine

PAMELA: Nei, nå må jeg visst hjem.
TRINE: Ja, jeg må visst også videre. Jeg har så mye å gjøre.
PAMELA: Men det var koselig å se deg. Ha det godt!
TRINE: Ha det! Hils hjem!
PAMELA: Det skal jeg gjøre. Hei!

PAMELA: *Well, I'd better get home now.*
TRINE: *Yes, I'd better get going as well. I've got so much to do.*
PAMELA: *But it was nice seeing you. Look after yourself! (lit.: Have it good!)*
TRINE: *Bye! (lit.: Have it!) Give my love to everybody at home.*
PAMELA: *I'll do that. Bye!*

Language in use

How to close a conversation

It is common in all languages to have some phrases signalling that a conversation is about to end. A simple 'Goodbye' is rather abrupt. Here are a few remarks to choose from:

Nei, nå må jeg visst hjem.	Well, I'd better go home now.
Nei, nå må jeg visst videre.	Well, I'd better get going.
Det var koselig å se deg.	It was nice seeing you.
Vi må treffes igjen snart.	We must meet again soon.
Vi ses!	See you soon!

On the telephone:

Nei, nå må vi visst slutte.	Well, we'd better stop now.

The final utterances:

formal	**Adjø!**	Goodbye!
formal/neutral	**God natt!**	Good night!
	Ha det godt!	Look after yourself!

informal	**Ha det!**	Bye!
	Hei!	Bye!
	Vi snakkes!	We'll talk soon!
	Vi ses!	See you!
neutral	**Hils hjem.**	Remember me to everyone at home!

Exercise 6

You have been chatting to a friend, Liv, in the street and want to move on now. Write a dialogue.

You: Say you've got so much to do.

Liv: Says she also wants to get home.

You: Say it was nice to see her.

Liv: Says that the two of you will have to get together soon.

You: Tell her to look after herself.

Liv: Says goodbye and asks to be remembered to everybody in your home.

You: Say you will do this and say goodbye.

6 På hytta

At the holiday chalet

In this lesson you will learn about:

- Auxiliaries and modal verbs
- Expressing ability or possibility
- Making suggestions
- Expressing necessity
- Asking and giving permission
- Expressing prohibition and refusing permission
- Expressing wishes, assurances and promises

Dialogue 🔲

A week's winter holiday is coming up and Anders asks if they can spend the holiday at the chalet

ANDERS: Kan vi ikke reise på hytta i vinterferien?
HÅKON: Nei, vi blir nødt til å vente til påskeferien.
ANDERS: Hvorfor det?
HÅKON: Fordi bilen må på verksted. Vi kan ikke kjøre så langt med den.
ANDERS: Vi kan ta toget!
HÅKON: Nei, vi må være hjemme denne gangen.
ANDERS: Kan jeg få være med til verkstedet?
HÅKON: Ja, det kan du godt.

ANDERS: *Can we go to the chalet in the winter holiday?*
HÅKON: *No, we have to wait till the Easter holiday.*
ANDERS: *Why?*
HÅKON: *Because the car must be taken to the garage. We can't drive that far in it.*

ANDERS: *We can go by train! (*lit.: *take the train)*
HÅKON: *No, we must stay at home this time.*
ANDERS: *Can I come with you to the garage?*
HÅKON: *Yes, you can.*

Language points

Auxiliaries and modal verbs

Auxiliary verb (modal): We *can* go by train.
Other verb (in infinitive): We can *go* by train.

Some auxiliary verbs are used together with other verbs to make tenses. In Lesson 4 we dealt with two of them – **å ha** (to have) and **å være** (to be) – and we learned how they were used in the construction of the present perfect. We shall now look at another group of auxiliaries, called *the modals* ('can', 'must', 'should', etc.). You may well recognize them from earlier dialogues.

The four main Norwegian modals are **å kunne, å måtte, å ville,** and **å skulle**. They imply necessity, probability, possibility, certainty, etc. – or the opposite.

Luckily Norwegian modals are in many ways close to the English ones, so don't be afraid of using them. However, as you might have spotted from the dialogue, they are nevertheless a bit tricky.

Language in use

Expressing ability or possibility

You should use the modal **kunne (kan, kunne, kunnet)** when you want to express an ability or a possibility. The verb combined with it will appear in the *bare infinitive:*

ability:	**Vi kan ikke kjøre så langt med den.**
possibility:	**Vi kan ta toget!**

Exercise 1

What simple things is a toddler of about two years able to do or not able to do? Write some sentences, using **kan** + a bare infinitive or **kan ikke** + a bare infinitive:

Example: **Han/Hun kan løpe.**

Exercise 2

What are your options – or possibilities – in the following situations? Use the words in brackets for your answers.

Example: You are fed up with your dog. (buy/cat)
   Jeg kan kjøpe en katt.

1 You can't pay your bills. (forget/them!)
2 You don't like the town you live in. (move/to Norway)
3 You ring somebody up, but get no answer. (ring/again)
4 You don't want people to know you are in. (switch off/the light)
5 You don't like to say no to an invitation. (say/yes)
6 You have broken down on the motorway. (stop/a car)
7 Your boat has capsized. (swim/ashore)
8 The electricity has gone off. (light/a candle)

Exercise 3

Complete the sentence **Man kan ... med ...** by choosing a verb from the first list and the appropriate word from the second list.

Example: **Man kan male med en pensel.**

Note: **man** means 'one', 'you' (the equivalent to the impersonal 3rd person sing.).

1 **male**	3 **skrive**	5 **klippe**	7 **grave**
2 **sy**	4 **skjære**	6 **sage**	8 **ringe**
en kniv	**en klokke**	**en nål**	**en spade**
en sag	**en pensel**	**en blyant**	**en saks**

Language in use

Making suggestions

Skulle (skal, skulle, skullet) and again **kunne (kan, kunne, kunnet)** are used for suggesting something. The suggestions will very often appear as questions with an inserted **ikke**; **skulle** is then often used if you are suggesting something out of the blue, while **kunne** tends to appear when the suggestion comes as a remark within a conversation:

Suggesting an option in a chain of thoughts:

Vi kan/kunne ta toget. We can/could go by train.
Kan/Kunne vi ikke reise på Can't/Couldn't we go to the
hytta? chalet?

Just an idea:

Skal/Skulle vi ikke ringe til Shouldn't we give Petter a ring?
Petter?

Note: **kan/kunne** is also used when asking for something or asking for permission:

Kan jeg få en is? Can I have an ice cream?
Kan jeg gå nå? Can I go now?

As you might have guessed, **kunne** in the first example and **skulle** in the second example are the past tense, the equivalent to 'could' and 'should'. Until you reached this last example, you might have thought Norwegian and English were in total agreement on the tenses of the modals used. But no such luck! While English tends to make widespread use of the past tense, Norwegian uses it to express a range of modes:

(a) The past tense of **kunne** in a main clause expresses a more hypothetical suggestion:

Vi kunne ta toget.

(b) The past tense of **kunne** in a question expresses a more polite or modest suggestion:

Kunne vi ikke reise på hytta?

(c) The past tense of **skulle** in a question expresses something we ought to do:

Skulle vi ikke ringe Petter?

Exercise 4

Suggest to your friend that the two of you do these things:

Example: go for a walk

Skal (Skulle/Kan/Kunne) vi ikke gå en tur?

1 watch television
2 drive to Sweden
3 take a beer
4 buy an ice cream
5 go home
6 visit your friend's (maternal) grandmother

Language in use

Expressing necessity

The modals used when indicating some action to be necessary
are **måtte (må, måtte, måttet)** and **skulle (skal, skulle, skullet)**,
followed by a *bare infinitive:*

Vi må være hjemme.	We must stay at home.
Du skal være hjemme	You must be home at 12
klokken 12.	o'clock.

More or less interchangeable with **skulle** in this sense is the phrase
bli nødt til, expressing necessity as well. (See also the first dialogue.)
Note that **bli nødt til** is followed by an infinitive with **å**:

Vi blir nødt til å vente til	We'll have to wait till the Easter
påskeferien.	holiday.

Exercise 5

The winter holiday is approaching and there are a lot of things you
must get done first. Add to the list in Norwegian, trying to use **må**
and **skal** as well as **blir nødt til**.

Example: drive the car to the garage
      Jeg må kjøre bilen til verkstedet.

1 visit mother-in-law
2 bake a cake
3 repair the bicycle
4 paint the garden shed
5 buy new skis

Language in use

Asking and granting permission

Kunne (kan, kunne, kunnet) is the modal to use when asking or giving permission for something. **Få** is usually inserted in the question (asking for permission), and **godt** in the sentence granting permission:

Kan jeg få være med til verkstedet?	May/Can I come with you to the garage?
Ja, det kan du godt.	Yes, you can.

Måtte + gjerne can also be used when giving permission:

Du må gjerne låne sykkelen min.	You can borrow my bicycle.

Language points

The position of objects

We can now expand the word order pattern a bit further. The infinitive (like the past participle – see Lesson 4), goes in the *V* column, for non-finite verbal forms. The new column, *N*, houses any nouns, pronouns and so forth which serve as the object or the complement of the verb.

F	v	n	a	V	N	Others
Du	kan	—	godt	låne	sykkelen.	
Du	må	—	gjerne	låne	sykkelen.	
	Kan	jeg	—	(få) låne	sykkelen?	

Exercise 6

Ask your friend if you may:

1 see the house
2 switch off the TV
3 go now
4 borrow the phone
5 drink the milk

6 phone later
7 close the door
8 drive the car

Language in use

Expressing prohibition or refusing permission

The modal **kunne (kan, kunne, kunnet)** is also used when refusing someone permission to do something, but under these circumstances **godt** is replaced by a negative:

Du kan ikke være med til verkstedet.	You cannot come along to the garage.

Prohibition can also be expressed with **skulle (skal, skulle, skullet)** + a negative or **måtte (må, måtte, måttet)** + a negative:

Du skal ikke sparke fotball i hagen.	You must not play football in the garden.
Du må ikke gjøre det!	You must not do that!

Exercise 7

Think of something a mother might say to her teenage daughter! Use **kan godt**, **skal ikke** or **må ikke**.

Example: **Du kan godt drikke cola. Du må ikke komme hjem etter midnatt.**

Reading text

På hytta

Mange nordmenn elsker å reise på hytta i helgene eller feriene. Noen har hytte ved sjøen og andre på fjellet. Hyttene er vanligvis ganske primitive, uten elektrisitet, dusj og WC. Folk reiser på hytta for å slappe av og for å nyte naturen. De fleste nordmenn er glad i friluftsliv. Om vinteren går de på ski, og om sommeren går de på tur og bader i sjøen eller i fjellvann.

Geilo, Voss og Sjusjøen ved Lillehammer er populære vintersportssteder, men de som liker sjøen best har gjerne hytte på Sørlandet eller i Nord-Norge.

Vocabulary

elske (-et, -et)	love	vann (et, –)	water, lake
sjø (en, -er)	sea	nyte (nøt, nytt)	enjoy
fjell (et, –)	mountain	gå (gikk, gått)	go for walks,
dusj (en, -er)	shower	**på tur**	ramble
slappe	relax		
(-et, -et) av			

Dialogue 🔊

The Dale family have spent most of their Easter holiday at their chalet, and the children want to stay longer

PAMELA: Nå skal vi snart hjem.
ANDERS: Jeg vil ikke hjem ennå. Jeg vil være her lenger.
PAMELA: Men du skal begynne på skolen igjen i overmorgen.
ANDERS: Jeg vil være med på skirennet i morgen.
PAMELA: Nei, vi må kjøre hjem i dag.
ANDERS: Så skal jeg lese ekstra godt på leksene resten av skoleåret!
PAMELA: Det hjelper ikke. Vi skal hjem.
ANDERS: Jeg *vil* bli til i morgen!
PAMELA: Nei, vi *skal* kjøre hjem i dag.

PAMELA: *We'll soon have to be going home.*
ANDERS: *I don't want to go home yet. I want to stay here longer.*
PAMELA: *But you are going back to school the day after tomorrow.*
ANDERS: *I want to take part in the ski race tomorrow.*
PAMELA: *No, we must go (lit.: drive) home today.*
ANDERS: *Then I'll work extra hard with my homework for the rest of the school year.*
PAMELA: *That doesn't help. We're going home.*
ANDERS: *I* will *stay till tomorrow!*
PAMELA: *No, we* are *going home today.*

Language in use

Expressing will

Ville (vil, ville, villet) + a *bare infinitive* expresses what you yourself want to do:

Jeg vil være her lenger.

Note: **skulle (skal, skulle, skullet)** + a *bare infinitive* expresses intention:

Jeg skal spare penger fra nå   I shall save money from now
av.   on.

If you are exercising your will on somebody else **skulle (skal, skulle, skullet)** or **måtte (må, måtte, måttet)** are the modals to use:

Du skal begynne på skolen igjen.
Du må gå hjem nå.

The more emphasis on **ville** and **skulle**, the stronger the will.

Jeg *vil* være her til i morgen!
Vi *skal* kjøre hjem i dag.

The less emphasis on **ville** and **skulle**, the closer the utterance comes to indicating mere future:

Vi skal snart hjem.   We're going (We'll be going)
                            home soon.

Exercise 8

It is New Year and time to show willpower! We have chosen your New Year resolutions for you, so all you have to do is write them down in Norwegian, using **vil** or **vil ikke:**

Example: I won't smoke.
          Jeg vil ikke røyke.

1 I'll save ten pounds every month.
2 I won't drink beer.
3 I'll find a husband.
4 I won't forget to feed the dog.
5 I'll wash up every day.
6 I won't discuss money.

Language in use

Expressing wishes

(a) **ville (vil, ville, villet)** + **gjerne** expresses a wish:

Jeg vil gjerne bli her lenger. I'd like to stay longer.

(b) **skulle** (note: past tense!) **+ ønske**:

Jeg skulle ønske vi kunne bli her lenger.

(c) The word **bare** can introduce a sentence expressing a wish:

Bare hun kommer! I wish she'd come!

Exercise 9

Try to express some wishes of your own to the pattern of the sentences above.

Example: **Bare jeg får være her lenger!**

Language in use

Expressing assurances or promises

Skulle (skal, skulle, skullet) together with another verb in the bare infinitive expresses an assurance or a promise:

Så skal jeg lese ekstra godt på leksene.

Exercise 10

Complete these English sentences in Norwegian, using the words provided. Use **Jeg skal ...** if you are beginning the sentence, and **så skal jeg ...** if you are finishing it.

Example: **(poste/brev)**, if you buy the newspaper.
    Jeg skal poste brevet, ...

1 If you will empty the bin, **(lukke/garasje)**.
2 **(slukke/lys)** if you will lock the door.
3 If you mow the lawn, **(vaske/bil)**.
4 **(kjøpe/billetter)** if you'd like to go.
5 **(betale/rekning)** when it comes.

7 Et familiebesøk

A family visit

Dialogue 🔊

Pamela comes into the living room, where Marit is watching TV

MARIT: Lukk døren!
PAMELA: Hva sier du?
MARIT: Lukk døren!
PAMELA: Snakk pent til din mor! Det heter: Vil du være så snill å lukke døren?
MARIT: Hvorfor det? Du sier alltid bare 'Lukk døren' til meg!

MARIT: *Shut the door!*
PAMELA: *I beg your pardon?*
MARIT: *Shut the door!*
PAMELA: *Speak nicely to your mother! It is: Would you be so kind as to shut the door?*
MARIT: *Why? You always just say 'Shut the door' to me!*

Language points

The imperative

The imperative: *Shut* the door!

The imperative is used for giving orders or commands and has the same form as the stem:

Infinitive	*Stem*	*Imperative*
lukke	**lukk**	**lukk!**
snakke	**snakk**	**snakk!**

Reading text

Kjøttkaker are Norwegian meat balls. Read the instructions 1–13, or perhaps you would be brave enough to try out the recipe!

Kjøttkaker

Du skal bruke til kjøttkakene: *Til sausen:*

½ kg kjøttdeig   1 ss margarin
½ kopp melk   1 ss mel
1 liten løk   ca. 5 dl vann
1 kavring
1 ss (spiseskje) mel
salt
pepper

Kjøttkakene lager du slik:

1 Hakk løken.
2 Knus kavringen.
3 Rør sammen kjøttdeig og melk.
4 Tilsett løken og kavringen. Rør.
5 Tilsett mel, salt og pepper. Rør igjen.
6 Varm en stekepanne med margarin eller smør.
7 Form kjøttkakene med en spiseskje dyppet i kaldt vann.
8 Legg kakene i stekepannen og stek dem pent brune. Snu dem flere ganger.
9 Legg kjøttkakene i en gryte.

Sausen lager du slik:

10 Brun margarin og mel i en stekepanne.
11 Tilsett vann litt etter litt. Rør godt.
12 Hell sausen over kjøttkakene.
13 Kok alt sammen svakt i 45 minutter.

Vocabulary

kg = kilo (en/et, –)	kilo	**knuse (-te, -t)**	crush
kjøttdeig (en)	mince	**røre (-te, -t)**	stir
kopp (en, -er)	cup	**tilsette (-satte, -satt)**	add
løk (en, -er)	onion	**brune (-te, -t)**	brown
kavring (en, -er)	rusk	**stekepanne (en,-r)**	frying pan
ss = spiseskje	tablespoon	**dyppe (-et,-et)**	plunge
(en/ei, -er)		**steke (-te, -t)**	fry
mel (et)	flour	**gryte (en/ei, -r)**	saucepan
ca = cirka	circa	**litt etter litt**	little by
dl = desiliter (en, –)	decilitre		little
hakke (-et, -et)	mince	**helle (-te, -t)**	pour

Exercise 1

Find the imperatives in the recipe above and write them down together with their present tenses and their past participles.

Exercise 2

Using the present perfect tense write down tasks 1–4 from the recipe as if you had completed them. Follow the word order shown below: the finite verb under *v*, the non-finite form (here the past participle) under *V*, and finally the object noun in the column under *N*. With all the subjects fronted, the column under *n* will be left empty, as will the column under *a*, unless you feel like trying to fill that in! The adverbs **heldigvis** and **dessverre** go in there, just as negative adverbs do.

F	*v*	*n*	*a*	*V*	*N*	*Others*
Jeg	har	—	—	hakket	løken	—

Language in use

How to make a request sound polite

Although Norwegians do not have a word corresponding entirely to 'please' they naturally have ways of expressing themselves with varying degrees of politeness. Compare the following examples.

Using just the imperative can easily sound rude:

Lukk døren!   Shut the door!

A more polite alternative is to use **Vil du/De** + a *bare infinitive:*

Vil du lukke døren?   Will you please close the door?

If you really want to make a good impression you can say:

Vil du/De være så snill å lukke døren?
Will you please be so kind as to shut the door?

A form mainly heard in casual talk among people who know each other is:

Gidder du lukke døren?   Would you mind shutting the
                                   door?

Exercise 3

Translate the following sentences into Norwegian, practising some of the different patterns for politeness given above:

1 Speak nicely!
2 Will you please be so kind as to empty the bin?
3 Close the garage please!
4 Help!
5 Please lock the door!
6 Wait a moment!
7 Speak Norwegian!
8 Will you please be so kind as to give him a message?
9 Could you ring later please?
10 Come!

Reading text

Håkon writes a letter to his younger brother Petter in Germany

Lillestrøm, 1. 4. 94

Kjære Petter!

Som du vet blir mor 60 år i juni, og Pamela og jeg vil gjerne lage en liten fest for henne. Kan du og Karin komme til Norge den 2. juni? Hvis dere kan komme, vil vi ha festen den lørdagen. Hvis dere ikke kan, må vi finne en annen fredag eller lørdag.
   Vi har det bra alle sammen og gleder oss til å se dere.

Vennlig hilsen
Håkon

P.S. Hilsen fra Pamela.

Vocabulary

fest (en, -er) party **vi gleder oss til** we are looking forward to
hvis if

Language in use

Informal letters

On the top right-hand corner of the letter most people just write the name of their town, followed by a comma and the date. (You will usually find the sender's full address on the flap of the envelope.) The date can be written in several ways, the one used in the letter above being the most common. (If read aloud the line would sound: **Lillestrøm første april nittenhundreognittifire.**)
   The greeting normally consists of **Kjære** + the name of the receiver + an exclamation mark. However, many young people would write **Hei** instead of **Kjære**. There are several ways of finishing the letter:

Hjertelig hilsen (fra) Love (from)
Klem fra A hug from
Mange hilsener fra Best wishes from (Many greetings from)

Vennlig hilsen   Yours sincerely
Med hilsen   Yours sincerely

Addressing an envelope

One would normally just write the full name of the person on the envelope, without any titles:

Pamela Dale
Fjellveien 3
2050 Lillestrøm

Note: The house number comes after the name of the street, and the area code precedes the town.

Dialogue 📼

Pamela and Håkon are trying to make plans

HÅKON: Hva skal vi gjøre når Karin og Petter er her?
PAMELA: Jeg vet ikke.
HÅKON: La oss reise på hytta en helg.
PAMELA: Jeg gidder ikke reise på hytta.
HÅKON: Hva vil du foreslå da?
PAMELA: Jeg har lyst til å kjøre til Sverige en dag.

HÅKON: *What shall we do when Karin and Petter are here?*
PAMELA: *I don't know.*
HÅKON: *Let's go to the chalet one week-end.*
PAMELA: *I can't be bothered going to the chalet.*
HÅKON: *What would you suggest then?*
PAMELA: *I feel like driving to Sweden one day.*

Language in use

How to express inclination or enthusiasm

To express inclination use **å ha lyst til** + an *infinitive* with **å**:

Jeg har lyst til å kjøre til Sverige en dag.
Jeg har ikke lyst til å reise på hytta.

Gidde (gidder, gadd, giddet) – to be bothered – refers more to enthusiasm or the lack of it, and it will normally be associated with a negative or a question. The verb connected with it will appear in the *bare infinitive*:

Jeg gidder ikke reise på hytta.

Used in questions, **gidde** corresponds to something like the English 'would you mind':

Gidder du lukke døren?	Would you mind shutting the door?
Gidder du hjelpe meg med oppvasken?	Would you give me a hand with the washing up?

Exercise 4

You are going on holiday. Make a list of what you might feel like doing and what you cannot be bothered to do.

Jeg har lyst til Jeg gidder ikke	spille gå sove glemme skrive drikke se lese	lange turer fjernsyn champagne golf alt om arbeidet norsk hele dagen brev

Example: **Jeg gidder ikke spille golf.**

Language in use

Words and phrases for making plans

Skal vi (ikke) ... **Skal vi ikke ta en øl?**	Should/Shouldn't we ...
Hva skal vi gjøre? **Hva skal vi gjøre neste sommer?**	What shall we do?
La oss ... **La oss kjøre til Sverige.**	Let us ...

Dialogue 🎧

Pamela is just leaving in the car, when Marit comes dashing out of the house

MARIT: Hvor skal du hen?
PAMELA: Jeg skal til flyplassen.
MARIT: Hvorfor det?
PAMELA: Karin og Petter kommer om et øyeblikk.
MARIT: Jeg vil være med.
PAMELA: Så hopp inn i bilen.
MARIT: Kan Karin norsk nå?
PAMELA: Ja, hun kan da noe!

MARIT: *Where are you off to?*
PAMELA: *I'm going to the airport.*
MARIT: *Why?*
PAMELA: *Karin and Petter are arriving in a moment.*
MARIT: *I'd like to come with you.*
PAMELA: *Jump in the car then.*
MARIT: *Does Karin speak Norwegian now?*
PAMELA: *Yes, she knows some, of course.*

Language points

Special functions of skulle, ville and kunne

Skulle and **ville** can appear without a verb of motion if followed by a phrase denoting place:

> **Jeg skal til flyplassen.**
> **Hvor skal du hen?**
> **Jeg vil hjem.**   I want to go home

Kunne: from the phrase **kunne snakke**, **snakke** can be omitted, if the question is about the ability to speak a language:

> **Kan Karin norsk?**

Exercise 5

Translate the following letter into Norwegian:

Dear Alistair,

We are now in Oslo and looking forward to two days here in the capital. Two days are not a long time, but we must be in Trondheim before Monday. We would also like to visit Lillehammer, but we can't. We haven't much money left.

What are you going to do next summer? Shouldn't we go to Oslo, you and I? Let's save up!

Well, I must go to the post office now. Give my regards to your parents.

Best wishes,
Jon

P.S. Love from Kay. – I have not written to your sister. I can't be bothered!

Dialogue 🔲

Petter and Karin have arrived from Germany, laden with gifts

PETTER: Håkon! Se hva vi har kjøpt til deg på flyplassen i Tyskland!
HÅKON: En Glenfiddich! Den dyre whiskyen! Tusen takk!
PETTER: Hvor er Anders?
HÅKON: Han er gått for å se de nye tennene til farfar!
PETTER: Det store puslespillet her er til ham.
HÅKON: Du verden! Han elsker puslespill.
PETTER: Og de kulørte perlene er til Marit.
HÅKON: De er flotte! Er de tyske?
PETTER: Nei, italienske. – Og Pamela! Her er et halskjede til min engelske svigerinne.
HÅKON: Å, det er alt for mye, Petter! Du må ikke alltid komme med så dyre gaver.

PETTER: *Håkon! Look what we've bought for you at the airport in Germany!*
HÅKON: *A Glenfiddich! That expensive whisky! Thank you very much indeed* (lit.: *A thousand thanks*).
PETTER: *Where is Anders?*

HÅKON: *He's gone to see Grandad's new teeth!*
PETTER: *This big jigsaw puzzle is for him.*
HÅKON: *Oh! He loves jigsaws.*
PETTER: *And the coloured beads are for Marit.*
HÅKON: *They are great! Are they German?*
PETTER: *No, Italian. – And Pamela! Here's a necklace for my English sister-in-law.*
HÅKON: *Oh, that is far too much, Petter! You mustn't always bring such expensive presents.*

Language points

Definite nouns with adjectives

If a noun in the definite form carries an adjective, the adjective always ends in an **-e**, regardless of gender and number. A definite article must always precede the adjective in the definite form:

Masc. sg./Fem. sg.	*Neuter sg.*	*Plural (all genders)*
den dyre whiskyen	**det store puslespillet**	**de kulørte perlene**

Note 1: in a more formal style the noun itself will be in the indefinite form (**tid**), not the definite form (**tiden**). This style is old-fashioned and not much used these days.

den lykkelige tid	the happy time
det store håp	the big hope
de lange år	the long years

Note 2: the noun itself is always in the indefinite form (**puslespill** not **puslespillet**) if a possessive adjective or a genitive precedes the adjective and the noun (see Lesson 5), but the adjective adds **-e**.

hans nye puslespill
Petters engelske svigerinne

Again, this construction is mostly used in more formal style, and rarely in spoken Norwegian: in spoken Norwegian one would normally put the possessive adjective after the noun (see Lesson 5).

det nye puslespillet hans

Likewise, a construction with a preposition will normally be used instead of the genitive in spoken Norwegian (see Lesson 5):

den engelske svigerinnen til Petter

Exercise 6

Write down adjectives meaning the opposite of the following:

1 **god**	4 **dyr**	7 **liten**
2 **åpen**	5 **flittig**	8 **riktig**
3 **tynn**	6 **lang**	9 **gammel**

Exercise 7

Write the correct forms of the adjectives in brackets:

1 Peter har (fin) gaver med til Norge.
2 Han har et (stor) puslespill til Anders og (italiensk) perler til Marit.
3 Pamelas (gammel) halskjede er ikke (dyr).
4 Nå er dagene (lang) og (lys).
5 Marit har spist de (blå) plommene.
6 Håkons hus er (moderne).
7 Pamela får ikke komme inn på det (rotet) rommet til Marit.

8 Til bords

At the table

In this lesson you will learn about:

- Norwegian table manners
- **Det** as a formal subject
- Expressing moral duty
- Expressing what you dare do
- Colours

Dialogues

Håkon's parents are having lunch with Pamela and Håkon

FARFAR: Kan jeg be deg sende brødet, Håkon?
HÅKON: Ja, vær så god!
FARFAR: Vil du sende meg osten også?
HÅKON: Ja, gjerne. Vil du ikke ha litt mer øl?
FARFAR: Nei takk. Jeg tror ikke jeg tåler mer.
HÅKON: Du har litt i glasset ennå, far. Skål!

GRANDPA: *Could I ask you to pass me the bread, Håkon?*
HÅKON: *Yes, here you are!*
GRANDPA: *Would you pass me the cheese as well please?*
HÅKON: *With pleasure. Wouldn't you like to have some more
           beer?*
GRANDPA: *No thank you. I don't think I can stand any more.*
HÅKON: *You have still a little left in your glass, Dad. Cheers!*

Lunch seems to be drawing to a close

PAMELA: Det er ikke mer brød igjen. Jeg skal hente litt mer.
FARMOR: Nei, det er ikke nødvendig. Vi er mette alle sammen.

PAMELA:	Er du sikker på det?
FARMOR:	Jeg kan ikke spise mer i hvert fall.
	(De andre nikker også)
FARMOR:	*(Reiser seg)* Takk for maten. Det var nydelig.
PAMELA:	Vel bekomme.

PAMELA:	*There's no more bread left. I'll just fetch a little.*
GRANDMA:	*That is not necessary. We've had enough, all of us.*
PAMELA:	*Are you sure?*
GRANDMA:	*I can't eat any more at any rate.*
	(The others also nod)
GRANDMA:	(Gets up) *Thank you. That was lovely.*
PAMELA:	*You are welcome.*

Language in use

Table manners

Asking for food:

Vil du sende meg ...	Would you please pass me ...
Kan jeg få ...	Could I have ...

General politeness:

Dette var nydelig.	This is lovely.
Dette var deilig.	This is lovely.

Note: the past tense is used even if you say the sentence while still eating.

You would often ask people to pass you things at table, as it is a common custom in Norway to help yourself to the food on the table.

Although it can be used in much the same informal way as the English 'cheers', the Norwegian word **skål** also has its more ritual uses. At dinner it is customary never to drink wine before the host has raised his glass and said **skål**. At the same dinner – or at a lunch as in the text above – individual participants may well raise their glasses and toast each other with a **skål**.

At the end of the meal:

Jeg er mett.
Jeg kan ikke spise/drikke mer.

Det var en nydelig/deilig middag.
Takk for maten. (lit: 'Thank you for food'.)
Vel bekomme (lit: 'May it do you good'.)

Note 1: **mett** means 'full', and it is perfectly good Norwegian to say **Jeg er mett**, while many English speakers would prefer to say: 'I've had sufficient' or 'I've had enough'.

Strangely enough 'I've had enough' translated literally into the Norwegian **Jeg har fått nok** can easily be perceived as meaning that you certainly don't want any more of that stuff!

And although **full** means 'full', you should never say **Jeg er full**, which simply means 'I'm drunk'!

Note 2: A foreigner may find the phrases **Takk for maten** and **Vel bekomme** a little odd, but their use has also become a sort of ritual and they are widely used, also within the family. Everyone but the host or hostess says **Takk for maten** at the end of the meal, and the host or hostess replies with **Vel bekomme**.

Reading text
Eating out in Norway

Det har alltid vært nokså dyrt å spise ute i Norge, men nå er det mulig å finne både billige og koselige steder, særlig i Oslo og de andre store byene.

Ute på landsbygda er det ikke så mange restauranter, men også her kan du være heldig å finne koselige veikroer og kaféer. Gatekjøkkener hvor man kan kjøpe hamburgere, pizzaer, pølser og annen hurtigmat er særlig populære blant de unge.

Vin og brennevin kan du ikke kjøpe i vanlige butikker eller supermarkeder. Det må du kjøpe på Vinmonopolet, og du må huske på å kjøpe med deg noen flasker når du er i en by, for det finnes ikke Vinmonopol ute på landsbygda!

Avgiftene på øl, vin og brennevin er veldig høye i Norge, og det har aldri vært noen stor tradisjon å gå ut å drikke.

I det hele tatt går nordmennene ikke så mye på restaurant som engelskmennene. De spiser nesten alltid hjemme og inviterer ofte gjester hjem til et måltid.

Vocabulary

nokså	rather	**brennevin**	spirits
mulig	possible	**(-et)**	
koselig	nice, cosy	**flaske (en/ei, -r)**	bottle
veikro	inn	**Vinmonopol**	State Wine
(en/ei, -er)		**(et, –)**	Monopoly
gatekjøkken	street café,	**avgift (en/ei, -er)**	tax
(et, –)	kiosk	**i det hele tatt**	on the whole, in
pølse	sausage,		general
(en/ei, -r)	hot dog	**gjest (en, -er)**	visitor
hurtigmat (en)	fast food	**måltid (et, -er)**	meal
vin (en, -er)	wine		

Language points

Det **as a formal subject**

1 Formal subject: *There* is a fly in my soup.
  Real subject: There is *a fly* in my soup.

Det as a formal subject corresponds to 'there' + a form of 'to be' in English:

Det er mange koselige There are many nice restaurants
  restauranter i Oslo. in Oslo.
Det finnes ikke Vinmonopol There is no Wine Monopoly out
  ute på landsbygda. in the countryside.

Note 1: there is no agreement between this **det** and the noun, pronoun or phrase it identifies.

Note 2: while English only combines 'there' with the verb 'to be', Norwegian regularly uses **det** with other verbs:

Det kommer et tog klokken A train arrives at five.
  fem.
Det kjørte en bil forbi. A car drove past.

2 Formal subject: *It* is a cat!
  Real subject: It is expensive *to eat out.*

Det is also used as a formal subject very much in the same way as 'it' (or 'that') is, in English:

(a) Where there is no real subject:

Det er kaldt.	It is cold.
Det er ikke langt.	It is not far.
Det snør.	It is snowing.
Det går bedre.	Things are going better.

Note: any adjective referring to **det** must appear in the **t**-form.

(b) In sentences where the real subject is an infinitive:

Det er dyrt å spise ute.	It is expensive to eat out.
Nå er det mulig å finne billige steder.	Now it is possible to find cheap places.

(c) In sentences where the real subject is a subordinate clause:

Det er sant at det er dyrt å spise ute i Norge.
It is true that it is expensive to eat out in Norway.

(d) Where you want to refer back to part of or the whole of a previous sentence:

Vin og brennevin kan du ikke ... Det må du kjøpe ...
Wine and liquor you cannot ... This you must buy ...

Exercise 1

Put these sentences in the correct order:

1 **Vi spiser forretten.**
2 **Vi bestiller maten.**
3 **Vi spiser desserten.**
4 **Vi ser på menyen.**
5 **Vi betaler rekningen.**
6 **Vi går inn i restauranten.**
7 **Vi gir drikkepenger til servitøren.**
8 **Vi går ut av restauranten.**
9 **Vi ber om rekningen.**
10 **Vi spiser hovedretten.**
11 **Vi setter oss ned.**
12 **Vi finner et bord.**

Dialogue 🔲

A rather tired couple are driving home without lights in the dusk on a late summer evening

PAMELA: Tør du virkelig kjøre slik?
HÅKON: Hvordan da? Hva mener du?
PAMELA: Du bør tenne lysene.
HÅKON: Er det deg eller meg som kjører?
PAMELA: Pass på! Der er en katt!
HÅKON: Jeg har sett den!
PAMELA: Jeg tør nesten ikke si noe mer!

PAMELA: *Dare you really drive like that?*
HÅKON: *Like what? What do you mean?*
PAMELA: *You ought to put the headlights on.*
HÅKON: *Is it you or me that's driving?*
PAMELA: *Look out, there's a cat!*
HÅKON: *I have seen it!*
PAMELA: *I hardly dare say any more!*

Language in use

How to express a moral duty

Burde (bør, burde, burdet) + a *bare infinitive* expresses a moral duty:

> **Du bør tenne lysene.**

The past tense (**burde**) is mainly used when mentioning things one ought to do or not to do – but where one doesn't seem to conform to one's duty:

Man burde ikke hugge så mange trær.	One ought not to fell so many trees.

Exercise 2

Translate this male chauvinist's views on what his wife ought to do. Use **bør** + *bare infinitive*.

1 She ought to wash my car.
2 She ought to make my bed.

3 She ought to wash my clothes.
4 She ought to iron my shirts.
5 She ought to polish my shoes.
6 She ought to darn my socks.
7 She ought to have a rich American uncle.

Language in use

Expressing what you dare do

Tore (tør, torde, tort) + a *bare infinitive* means that you dare do something. Likewise, of course, together with **ikke** it tells what you dare not do.

> **Tør du virkelig kjøre slik?**
> **Jeg tør nesten ikke si noe mer.**

Exercise 3

Combine the following to make sentences. Follow the word order pattern, taking special notice of the last groups of words. They are a type of adverbial phrases called prepositional phrases and consist of a preposition (**i, over, til**, etc.) and a nominal (here a noun or a noun + its adjective), and they belong as units under *A*.

F	v	n	a	V	N	A
Jeg	tør	—	ikke	seile	—	over Atlanterhavet

Jeg	tør	(ikke)	dykke fly hoppe ut kjøre bil ri arbeide seile	i London til månen over Atlanterhavet fra et fly under vannet på elefanter med elektrisk verktøy

Language in use

Colours

The principal colours are:

rød, oransje, gul, grønn, blå, brun, hvit, grå, svart

The 'in-betweens' are created by putting the names of the two colours concerned together:

blågrønn
gråbrun

For lighter colours use **lyse**-:

lysegul
lysegrønn

For darker use **mørke**-:

mørkerød
mørkeblå

Exercise 4

What am I talking about?

1 Det er rødt, og vegetarianere vil ikke spise det.
2 Det er hvitt, og det er et viktig krydder.
3 Det er gult, og det smelter når det står i solen.
4 De er nesten hvite, og jeg gråter når jeg skjærer eller hakker dem.
5 Det er svart, og jeg kan ikke sove hvis jeg drikker det om kvelden.
6 Det er lysebrunt, og jeg får tømmermenn hvis jeg drikker for mye.

9 En vanlig dag

Everyday life

In this lesson you will learn about:

- The passive infinitive
- The past tense
- Object forms of personal pronouns
- **Seg** ('-self', '-selves') and **hverandre** ('each other')
- A family's eating habits
- **Ut/ute** and similar adverbs with short and long forms

Dialogue

At home with the Dale family, just after breakfast on a Saturday

HÅKON: Det er mye som må gjøres i dag.
PAMELA: Hva da, for eksempel?
HÅKON: Bilen må vaskes.
PAMELA: Ja, og hva mer?
HÅKON: Det må ryddes opp i garasjen.
PAMELA: Trappene må også feies snart.
HÅKON: Ja, Anders kan gjøre det.
PAMELA: Brevet til mormor må sendes.
HÅKON: Det ble sendt i går.
PAMELA: Og så må Marit hentes. Det gjør jeg.

Vocabulary

for eksempel	for instance	**feie (-de, -d)** sweep
trapp (en/ei, -er)	steps, stairs	

Language points

The passive infinitive

Active infinitive: Pamela will *fetch* Marit.
Passive infinitive: Marit will *be fetched.*

Norwegian transitive verbs have two infinitive forms. The one we have dealt with up to now – and which is normally just called the infinitive – is the *active infinitive*. The *passive infinitive* is constructed merely by adding **-s** to it. English has no equivalent word, but uses 'to be' + the *past participle* to convey the same message. In Norwegian this same construction can also be used: **å bli/å være** + *past participle* (**Brevet må bli sendt** instead of **Brevet må sendes**), and indeed, this is the only form we can use in the past and perfect tense (**Brevet ble sendt i går.**).

Infinitive (active)		*Passive infinitive*	
feie	sweep	**feies**	be swept
hente	fetch	**hentes**	be fetched

Just as the (active) infinitive combines with modals (see Lesson 6), so does the passive infinitive:

Active sentence	*Passive sentence*
Pamela skal hente Marit.	**Marit skal hentes.**
Anders bør feie trappene.	**Trappene bør feies.**

In the active sentences above, the subjects (**Pamela** and **Anders**) are the agents – they are conceived as carrying out the actions. In the passive sentences the subjects (**Marit** and **trappene**) are themselves inactive. Who is supposed to be doing the fetching and sweeping is not essential, though the agents could be added by using **av** ('by'), like this:

Marit skal hentes av Pamela.
Trappene bør feies av Anders.

Exercise 1

Write out the jobs that must be done in many households.
Example: **bil/vaske Bilen bør vaskes.**

1 plen/slå	5 dyr/fore	9 skur/male
2 blomst/vanne	6 trapp/feie	10 skittentøy/vaske
3 skjorte/stryke	7 hekk/klippe	11 mat/lage
4 gjerde/reparere	8 barn/bade	12 eple/plukke

Dialogue 🔘🔘

There has been a break-in at the Dales' house and Håkon has called the police

POLITIBETJENTEN: Hvordan våknet du?
HÅKON: Jeg hørte noe nede. Jeg kjente ikke lyden.
POLITIBETJENTEN: Hva gjorde du så?
HÅKON: Jeg listet meg ned trappen.
POLITIBETJENTEN: Så du noen?
HÅKON: Nei, men vinduet stod åpent, og fjernsynet var vekk.

Vocabulary

våkne (-et, -et)	wake up	**liste (-et, -et) seg**	tiptoe
noe	something	**noen**	(*here*) anybody
nede	downstairs	**vekk**	(*here*) gone
lyd (en, -er)	sound		

Language points

The past tense

Past tense: I *heard* something downstairs.

Constructing the past is not difficult, if you can remember what the stem of a verb is and how to distinguish between the five groups of verbs (see Lesson 4). The first ending in each of the brackets (Groups 1–4) is added to the stem and forms the past tense:

Group 1: Add **-et** to the stem:

Infinitive	Stem	Past tense
å kaste (-et, -et)	**kast**	**kastet**

Group 2: Add **-te** to the stem:

Infinitive	Stem	Past tense
å lese(-te, -t)	**les**	**leste**

Group 3: Add **-de** to the stem:

Infinitive	Stem	Past tense
å prøve (-de, -d)	**prøv**	**prøvde**

Group 4: Add **-dde** to the stem:

Infinitive	Stem	Past tense
å bo (-dde, -dd)	**bo**	**bodde**

Group 5: The past tense from the fifth group, the irregular verbs, can be found in the glossaries, as the first entry in the brackets after the infinitive. (Please remember, however, that the tiny number of verbs with an irregular present tense have that as the first entry.)

gå (gikk, gått)	walk
se (så, sett)	see
stå (stod, stått)	stand
but: **gjøre (gjør, gjorde, gjort)**	do
være (er, var, vært)	be

Dialogue 🔳

The Dale family are waiting to eat

PAMELA: Anders! Jeg har ventet på deg! Hvor er far?
ANDERS: Jeg så ham nettopp ute i hagen.
PAMELA: Er hendene dine rene?
ANDERS: Ja, jeg har vasket meg.
PAMELA: Hva med Marit?
ANDERS: Hun har også vasket seg. Hun slo seg på husken.
PAMELA: Vil du hente henne? Så roper jeg på far.

Vocabulary

nettopp	just a moment ago	**slå (slo, slått)**	hurt oneself
hånd (en/ei, hender)	hand	**seg**	
		huske (en/ei, -r)	swing
ren	clean	**rope (-te, -t) på**	call

Language points

Object forms of personal pronouns

Direct object: I saw *him.*
Indirect object: He gave *me* a ring.
With preposition: I had been waiting so long *for him.*

The Norwegian *personal pronouns* used as direct object, indirect object and after a preposition are:

Singular	*Plural*
meg me/myself	**oss** us/ourselves
deg/Dem you/yourself	**dere/Dem** you/yourselves
ham him	**dem** them
henne her	
den/det it	

In Lesson 1 we dealt with personal pronouns when used as subjects. You have probably noticed other pronouns in use as direct and indirect objects and after prepositions, and we shall look at all of these together now. None of them should cause any problems.

Jeg så ham ute i hagen.	I saw him out in the garden.
Vil du hente henne?	Will you fetch her?
Jeg har ventet på deg.	I've been waiting for you.

Dem corresponds to **De** in the same way as **meg** to **jeg**:

Jeg vil gjerne hjelpe Dem.	I'd like to help you.

Reflexive pronouns

In sentences where the same person is the subject and the object, reflexive pronouns must be used for the object. However, the reflexive pronouns are the same as the object forms of the personal pronouns except for the 3rd person singular and plural, where it is **seg**:

Jeg skar meg.	I cut myself.
Anders falt og slo seg.	Anders fell and hurt himself.
Barna moret seg.	The children enjoyed themselves.

Make sure you understand the difference between the following:

Marit slo seg.	Marit hurt/hit herself.
but: **Marit slo henne.**	Marit hit some other female.

Note also: the indeclinable **selv** can be added to all these reflexive pronouns, but only for the sake of special emphasis:

Jeg skar meg selv. I cut myself (and nobody else!).

In a group of English verbs the reflexive pronoun is left out, particularly in verbs describing actions that people normally do to themselves. This does not happen in Norwegian:

I never wash.	**Jeg vasker meg aldri.**
You haven't shaved.	**Du har ikke barbert deg.**
Håkon sat down.	**Håkon satte seg (ned).**
Pamela lay down.	**Pamela la seg (ned).**
One must move quickly.	**Man/En må bevege seg hurtig.**
We are bored.	**Vi kjeder oss.**
You must hurry up.	**Dere må skynde dere.**
They married.	**De giftet seg.**

The pronoun hverandre

Hverandre – meaning 'each other' – is used when the people or things represented by the subject of the sentence are doing something to each other.

Barna slo hverandre.	The children hit each other.
Plutselig så vi hverandre.	Suddenly we saw each other.
Møter dere hverandre ofte?	Do you often meet each other?
De så på hverandre.	They looked at each other.
De malte hverandres hus.	They painted each other's houses.

Note: sometimes you will find an **-s** form as an alternative to a phrase with **hverandre**. This form will be dealt with further in Lesson 18.

De møter hverandre hver dag. De møtes hver dag.

Exercise 2

Translate the following sentences into Norwegian:

1 Marit hurt herself, and Anders comforted her.
2 Håkon is in the garden. Anders has seen him.
3 The food is ready. Will you fetch it?
4 They met each other.
5 Can't you see me? Won't you give me a kiss?
6 The children were bored after dinner.
7 My mother sat down.
8 They lay down on the beds.
9 We look after each other's children.

Reading text

Eating habits of a Norwegian family

En norsk frokost består for det meste av grovbrød med brunost, et stort glass melk og en kopp kaffe. Men man kan også finne syltetøy, salami, bløtkokte egg, cornflakes og yoghurt på det norske frokostbordet.

Omkring klokken 12 spiser man lunsj, og en norsk lunsj er ofte en matpakke som man tar med på skolen eller på kontoret. I matpakken har man gjerne brødskiver med ost, salami eller kokt skinke og et eple eller en gulrot.

De fleste nordmenn spiser dagens varme måltid – middagen – omkring klokken 5.

Hvis man har tid, drikker man en kopp kaffe eller te både om formiddagen, om ettermiddagen og igjen om kvelden. Kanskje spiser man et stykke kake også, men nordmennene spiser ikke så mange kaker som engelskmennene.

Hvis man er sulten igjen senere, tar man kanskje litt kveldsmat: et stykke smørbrød eller to og et glass melk.

Note the lack of 'of' in combinations like these:

en kopp kaffe, et stykke smørbrød, et glass melk

Vocabulary

frokost (en)	breakfast	**matpakke**	packed
består (bestod,	consist of	**(en/ei, -r)**	lunch
bestått) av		**skinke (en/ei, -r)**	ham
grovbrød (et, –)	brown bread	**de fleste**	most
brunost (en, -er)	sweet brown	**nordmenn**	Norwegians
	cheese	**smørbrød (et, –)**	open
syltetøy (et)	jam		sandwich
bløtkokt	(soft-) boiled	**om formiddagen**	in the (late)
			morning

Exercise 3

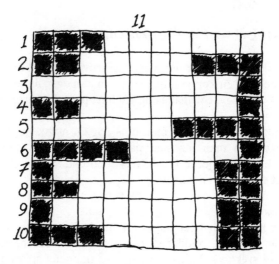

Fill in the answers in Norwegian.

Across

1 cucumbers
2 leek
3 carrots
4 the beans
5 the cabbages
6 lettuce

7 tomatoes
8 the onions
9 potatoes
10 peas

Down

11 What are they all?

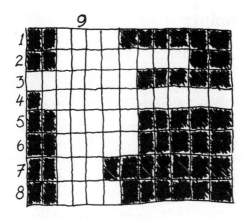

Across

1 butter
2 the salami
3 the meat
4 liver pâté

5 cakes
6 fruit
7 flour
8 bread

Down
9 All these would be called?

Note that what is put on to an open sandwich, such as **leverpostei**, **ost**, etc. is called **pålegg**.

Dialogue 🔲

Håkon sees Anders in the kitchen

HÅKON: Er Marit ute ennå?
ANDERS: Nei, hun er kommet inn. Hun er inne på soverommet.
HÅKON: Jeg går bort til farmor med eplene som er falt ned.
ANDERS: Kan jeg få være med?
HÅKON: Ja, det kan du godt. Vil du hente eplene? De står under det store epletreet.

Vocabulary

soverom (et, –) bedroom   **falle (falt, falt) ned** fall down

Language points

Nine special adverbs

Adverbs: *Surely* he is *not* coming *back*.
Normally she *also* speaks English *very well.*

Adverbs are anything but a homogeneous group. Some people simply define them as being the words left over when the more easily defined groups are taken away from a text. Here we will deal with two related groups of nine adverbs, which do not all have a direct equivalent in English.

oppe	up	**opp**	up, upwards
nede	down(stairs)	**ned**	down, downwards
ute	out, outside	**ut**	out, outwards
inne	inside	**inn**	in
framme	at the front	**fram**	forwards
hjemme	at home	**hjem**	home
borte	away	**bort**	away
her	here	**hit**	in this direction
der	here	**dit**	in that direction

1 The first thing to know about these adverbs is that when standing alone:
(a) the first column indicates position:

Er Marit ute ennå?	Is Marit still out?
Bor du hjemme?	Do you live at home?

(b) the second column indicates movement:

Eplene er falt ned.	The apples have fallen down.
Nå går jeg hjem.	I'm going home now.

2 However, the adverbs will also be used together with many prepositions in order to be more precise about direction. When used in this way those in the first column tell us that what is happening is taking place within the same area, while the shorter form tells of the direction of movement from one area to another:

	Pamela gikk inne i kjøkkenet.	Pamela was walking about in the kitchen.
but:	**Pamela gikk inn i kjøkkenet.**	Pamela went into the kitchen from outside it.

Katten løp oppe på taket.	The cat was running about up on the roof.
but: **Katten løp opp på taket.**	The cat ran up onto it from below.

Note also **hjem/hjemme**:

Anders løp hjem.	Anders ran home.
Anders er hjemme nå.	Anders is at home now.

Exercise 4

Describe what the cats in the picture are doing. Use forms from the following prepositions and adverbs: **inn/inne, opp/oppe, på, under, ved siden av, ut av/ute, bort til**

Example: **Den stripete katten ligger under bilen.**

(Illustration courtesy of Torun Gjelstrup)

Exercise 5

Extend your vocabulary as far as locations within or around the house are concerned. Just use short answers as shown.

Example: **Hvor bader du? På badet.**

1 Hvor spiser du?
2 Hvor lager du mat?
3 Hvor sover du?
4 Hvor går du på WC?
5 Hva heter 'entrance hall' på norsk?
6 Hvor sover gjestene?
7 Hva er der ofte under et hus?
8 Hvor er der kanskje mus?
9 Hvor står bilen?

10 Skolen i Norge

Norwegian schooling

In this lesson you will learn about:

- The Norwegian school system
- Combining simple sentences
- Word order in more complex sentences
- Making an appointment
- Time expressions
- The present participle
- Short answers

Reading text

Det norske skolesystemet

Norske barn kan gå i barnehage fra de er ganske små, men her får de ikke undervisning verken i å lese eller å rekne. De arbeider med pedagogiske leker, hører og forteller historier og synger. Når de er 6 eller 7 år begynner de på skolen. Nå skal de lære fag som norsk, rekning, kristendom osv. Elevene får undervisning i disse fagene på skolen, og de får lekser som de skal gjøre hjemme. På noen skoler lærer barna engelsk allerede i 1. klasse, men det er mer vanlig at de begynner med engelsk i 3. eller 4. klasse. I 8. klasse kan elevene velge om de vil lære tysk eller fransk. Det er vanskeligere å lære disse språkene enn engelsk, for grammatikken er så komplisert!

Elevene tar sin første eksamen i 9. klasse, og nå er det mulig å slutte med skolegangen hvis man vil. Men de fleste fortsetter på videregående skole, hvor man spesialiserer seg i forskjellige fag. Noen velger akademiske fag som matematikk og språk, mens andre velger mer praktiske fag som elektronikk, helsefag eller mekanikk.

De som har valgt de akademiske linjene og tar eksamen etter tre år, kan studere videre ved universitetene og høyskolene.

Vocabulary

barnehage	nursery	**ta (tok, tatt)**	take an exam
(en, -r)	school	**en eksamen**	
verken	neither	**fortsette**	stay on,
rekne (-et, -et)	do sums	**(-satte, -satt)**	continue
leke (en/ei, -r)	toy	**videregående**	upper
fag (et, –)	subject	**skole (en, -r)**	secondary
kristendom (en)	religious		school
	knowledge	**helsefag (et)**	hygiene
osv. (og så	etc.	**linje (en/ei, -r)**	line, (*here*)
videre)			course of
			study
lekse (en/ei, -r)	homework	**høyskole (en, -r)**	college
klasse (en/ei, -r)	form		

Language points

Combining simple sentences

Simple sentences can be linked by what are called coordinating conjunctions: **og**, **eller**, **men** and **for**. These conjunctions have their own column *C* in the pattern, and they have no influence over word order.

Below are eight simple sentences combined as pairs. Study how it is done and note that every simple sentence, or clause, demands a whole line, even though it does not make use of all the columns.

(a) **Noen studerer akademiske fag, og noen velger praktiske fag.**

(b) **Nå kan man slutte skolegangen, eller man kan begynne på videregående skole.**

(c) **Norske barn går i barnehage, men her får de ikke undervisning i å lese eller å rekne.**

(d) **Det er vanskelig å lære disse språkene, for grammatikken er så komplisert.**

C	F	v	n	a	V	N	A
	Noen	studerer	—	—	—	akademiske fag	—
og	noen	velger	—	—	—	praktiske fag	—
	Nå	kan	man	—	slutte	skolegangen	—
eller	man	kan	—	—	begynne	—	på videregående skole
	Norske barn	går	—	—	—	—	i barnehage
men	her	får	de	ikke	—	undervisning	i å lese eller å rekne
	Det	er	—	vanskelig	—	å lære disse språkene	—
for	gram- ma- tikken	er	—	—	—	så komplisert	—

Word order in subordinate clauses

When you have understood and can work the following, you have progressed a very long way into Norwegian sentence structure! Please take your time over the following and don't rush it! First study this simple sentence:

F	v	n	a	V	N	A
Elevene	tar	—	—	—	sin første eksamen	i 9. klasse

This could have been expressed differently. The phrase under A – **i 9. klasse** – could be turned into a separate clause. In their ninth year at school, children are actually about 15 years of age, so **i 9. klasse** could be replaced with **når de er 15 år**:

F	v	n	a	V	N	A
Elevene	tar	-	-	-	sin første eksamen	når de er 15 år

The simple sentence, which had only one finite verb, has now become a complex sentence consisting of a main clause with a finite verb (**Elevene tar sin første eksamen**) and a subordinate (dependent) clause (**når de er 15 år**) with another.

And here then comes the thing to remember: the word order in main clauses is the same as the word order in simple sentences, whereas the word order in the subordinate ones is not!

Here is the pattern for subordinate clauses:

C	n	a	v	V	N	A
når	de	—	er	—	15 år	—

As you are by now familiar with the headings, the changes from the pattern for simple sentences can easily be explained:

(a) In *C* you will find the conjunctions, in this case the subordinating conjunctions. (Any conjunctions apart from the coordinating conjunctions – **og**, **eller**, **men** and **for** – are subordinating conjunctions.)

(b) Nothing can be fronted in a subordinate clause so there is no *F*.

(c) The order of *n*, *a* and *v* has changed, while *V*, *N* and *A* remain unchanged.

Compare the following examples:

Simple sentence or main clause:

F	v	n	a	V	N	A
Anders	har	—	ikke	sett	Håkon	ennå

Subordinate clause:

C	n	a	v	V	N	A
fordi	Anders	ikke	har	sett	Håkon	ennå

Simple sentence or main clause:

F	v	n	a	V	N	A
Pamela	kan	—	ikke	lage	mat	i dag

Subordinate clause:

C	n	a	v	V	N	A
hvis	Pamela	ikke	kan	lage	mat	i dag

Exercise 1

Combine the following pairs of simple sentences, in each case turning the second one into a subordinate clause of reason and linking it to the main clause with the subordinating conjunction **fordi** ('because'). Consult the patterns above for the correct word order!

Example: **Pamela må skynde seg. Hun skal hente Marit.**
            Pamela må skynde seg fordi hun skal hente Marit.

1 Farfar kan ikke være ute. Han er ikke frisk.
2 Vi kan ikke reise på hytta. Bilen må repareres.
3 Petter kom til Norge. Farmor har fødselsdag.
4 Håkon kommer sent hjem. Lærerne har hatt møte.
5 Mange kommer ikke til møtene. De har ikke tid.

Exercise 2

Now join these pairs of sentences, turning the second sentence in each pair into a (conditional) subordinate clause and linking it to the rest with the subordinating conjunction **hvis** ('if').

Example: **Anders vil ikke legge seg. Farmor kommer.**
            Anders vil ikke legge seg hvis farmor kommer.

1 Pamela kan oversette. Din kone snakker ikke engelsk.
2 Du kan ringe til Pamelas kontor. Håkons telefon svarer ikke.
3 Jeg vil ikke seile. Det blir storm.
4 Jeg skal betale. Du kan ikke.
5 Jeg vil ikke reise til Oslo. Vi kjører i din bil.

Dialogue 🔘🔘

Håkon rings the dental surgery to make an appointment

KONTORSØSTER: Tannlegene Vik og Hansen. Vær så god?
HÅKON: Ja, god dag. Dette er Håkon Dale. Jeg vil gjerne
               bestille time hos tannlegen.

KONTORSØSTER: Går De hos Vik eller Hansen?
HÅKON: Hos Vik.
KONTORSØSTER: Nå skal jeg se. Kan De komme nå på fredag?
HÅKON: Nei, på fredager er jeg opptatt.
KONTORSØSTER: Hva med torsdag i neste uke?
HÅKON: Det er bedre. Etter klokken tre.
KONTORSØSTER: Klokken fire?
HÅKON: Ja takk. Jeg skal være der torsdag i neste uke klokken fire.

Note: **ja** is often used as an introductory word on the telephone, rather like the English 'Oh'.

Language in use

Some expressions of time

i morgen	tomorrow	**i fjor**	last year
i overmorgen	the day after tomorrow	**på fredag**	on Friday
		på fredager/	on Fridays
i dag	today	**fredagene**	
i går	yesterday	**om fredagene**	on Fridays
i forgårs	the day before yesterday	**om en time/**	in an hour/
		en uke/en	a week/a
i morges	this morning (earlier)	**måned**	month, etc.
		for en time/	an hour/
i formiddag	this morning (later)	**en uke/en**	a week/a
		måned siden	month ago
i natt	last night, tonight	**nå på fredag**	this (coming) Friday
i kveld	this evening	**(på) fredag**	Friday
i år	this year	**om en uke**	week
neste onsdag/	next Wednes-	**til sommeren/**	next summer/
uke/måned/	day/week/	**høsten/**	autumn/
år	month/year	**våren/**	spring/
sist onsdag	last Wednesday	**vinteren**	winter

Exercise 3

Rewrite the text, using the past tense of the verbs in brackets.

En stor komponist

Edvard Grieg (1: bli) født i 1843 i Bergen. Da Edvard (2: være) barn, (3: fortelle) foreldrene ham om en annen bergenser, Ole Bull, som (4: trollbinde) publikum ute i Europa med sitt fiolinspill. Ole Bull (5: inspirere) Edvard og (6: bli) et forbilde for mange andre norske kunstnere.

Da Edvard (7: være) 15 år, (8: spille) han klaver for Ole Bull. Bull (9: være) så imponert at han (10: overtale) Edvards foreldre til å sende ham til Musikkonservatoriet i Leipsig i Tyskland. Der (11: studere) han i fire år.

Sitt første mesterverk, klaverkonserten i a-moll, (12: komponere) han da han var 25 år.

Som mange av de andre norske kunstnerne på den tiden (13: bli) Edvard Grieg inspirert av den norske naturen. Hver sommer (14: bo) han i Hardanger, midt blant fjorder og fjell, og fra komponisthytta si (15: kunne) han se isbreen Folgefonna.

Grieg (16: finne) også inspirasjon i den norske folkemusikken, noe vi tydelig kan høre i musikken hans.

Henrik Ibsen (17: be) Grieg komponere musikk til *Peer Gynt*, og det er kanskje denne musikken Grieg er aller mest kjent for.

Edvard Grieg (18: gifte) seg med Nina, en glimrende sangerinne. Sammen (19: framføre) de sangene hans; han (20: spille) klaver og hun (21: synge). I 1885 (22: flytte) familien inn på 'Trollhaugen' ved Bergen, og her (23: bo) Grieg til han (24: dø) i 1907.

Vocabulary

komponist (en, -er)	composer	**moll (en)**	minor (key, in music)
trollbinde (-bandt, -bundet)	spellbind	**komponere** (-te, -t)	compose
publikum (et, –)	audience	**tydelig**	clear, clearly
forbilde (et, -r)	ideal	**glimrende**	excellent
klaver (et, –/-er)	piano	**sangerinne** (en/ei, -r)	female singer
overtale (-te, -t)	persuade		
mesterverk (et, –)	masterpiece	**framføre (-te, -t)**	perform

Dialogue 🔲

Pamela and Håkon are expecting Håkon's parents for lunch

HÅKON: Se, der kommer de gående!
PAMELA: Jeg håper farfar er frisk nok til å gå ute.
HÅKON: Huff ja, det er bitende kaldt i dag.
PAMELA: Men farfar er jo mye bedre nå.
HÅKON: Ja, det var beroligende å høre at alle prøvene var i orden.

Language points

The present participle (the '-ing' form)

A present participle: She's *smiling*. A *smiling* girl.

The Norwegian present participle is constructed by adding **-ende** to the stem of the verb, whichever group it belongs to:

Infinitive	*Stem*	*Present participle*
gå	**gå**	**gående**
bite	**bit**	**bitende**
berolige	**berolig**	**beroligende**

The present participle is not used nearly as much in Norwegian as in English where it is part of the continuous tenses ('She's smiling'). In Norwegian it is mainly used:

(a) as a *verb* together with **komme** and **bli**:

Der kommer de gående.   There they come (*lit.:* walking).
Han ble sittende i 3 timer.   He stayed (*lit.:* remained sitting) for 3 hours.

(b) as an *adverb:*

Det er bitende kaldt i dag.   It is biting cold today.

(c) as an *adjective:*

en smilende jente   a smiling girl
det er beroligende å vite   it is comforting to know

(d) as a *noun:*

Kun for gående!   Only for pedestrians!

Exercise 4

Write the verbs in the brackets in their present participle form.

1 Guttene kom (løpe).
2 Så kom fergen (seile).
3 Du må ikke bli (sitte) for lenge!
4 Min mor har kjøpt en (snakke) papegøye.
5 Bøkene kostet (forsvinne) lite.
6 Filmen var (rase) morsom.
7 Er hummeren (leve)?
8 Jeg kan ikke bli (stå) her og vente!
9 Jeg kan ikke fordra (skrike) barn.

Dialogue 🔲

Later in the day Håkon comes in from the garden

PAMELA: Jeg tror vi får regnvær.
HÅKON: Det gjør jeg også.
PAMELA: Er du ferdig med hagen?
HÅKON: Ja, det er jeg.
PAMELA: Har du vasket bilen også?
HÅKON: Nei, det har jeg ikke.

Vocabulary

regnvær (et) rain

Language in use

Short answers

Short answers are very commonly used in both English and Norwegian. The main difference in the construction is that Norwegian always introduces the answers with **det**:

1 In answers to questions starting with a form of **å ha**, **å være** or a *modal* the verb is repeated:

Har du en øl?	**Ja, det har jeg.**	Yes, I have.
Er den kald?	**Ja, det er den.**	Yes, it is.
Kan jeg få den?	**Nei, det kan du ikke!**	No, you may not.

2 In answers to questions starting with any other verbs, **å gjøre** ('to do') replaces the verb. It will also be preceded by **det**, and must agree with the tense of the original verb:

Arbeider du ofte i hagen?	**Ja, det gjør jeg.**
Do you often work in the garden?	Yes, I do.
Arbeidet du ikke i hagen i går?	**Jo, det gjorde jeg.**
Didn't you work in the garden yesterday?	Yes, I did.

3 The two rules above also apply to questions with **hvem** ('who') as the subject:

Hvem vil betale?	**Det vil jeg.**
Who will pay?	I will.
Hvem betaler?	**Det gjør jeg.**
Who pays?	I do.

Exercise 5

Refer back to the text about Grieg and answer the following questions with short answers. Make sure also to use **nei/ja/jo** correctly!

1 Var Grieg komponist?
2 Var han 15 år da han spilte for Ole Bull?
3 Bodde han i Trondheim?
4 Spilte han klarinett?
5 Studerte han ikke i Tyskland?
6 Bodde han i Hardanger om vinteren?
7 Giftet han seg ikke med en sangerinne som het Nina?
8 Komponerte han musikk til *Peer Gynt*?
9 Bodde han ikke på 'Trollhaugen'?
10 Har du hørt Griegs klaverkonsert i a-moll?

11   Været
The weather

In this lesson you will learn about:

- Words and phrases describing the weather
- The Norwegian for 'many', 'few', 'much', 'a little', and 'more'
- Direct and indirect speech
- The position of object pronouns
- **For** in exclamations
- **Til sengs** and similar set phrases

Reading texts

Study the maps below and overleaf, and then see if you can relate them to the texts.

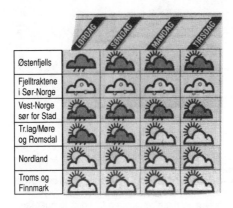

5 dagers varsel

Finnmark, Troms og Nordland: Østlig og sørøstlig bris. Skiftende skydekke og regn av og til i indre strøk, ellers for det meste opphold og til dels pent vær. Litt stigende temperatur.

Trøndelag: Nordøstlig, senere nordlig bris. Oppholdsvær, men etter hvert enkelte regnbyger. Litt lavere temperaturer.

Vest-Norge, Østafjells og fjellet i Sør-Norge: Skiftende, men overveiende nordlig bris. Skyet eller delvis skyet og noen regnbyger. Uendret temperatur.

Source: *Verdens Gang* (Norwegian national newspaper)

Været i Norge en sommerdag

I Finnmark, Troms og Nordland er det solskinn i ytre strøk, men noen skyer og regnbyger i indre strøk. Vinden er svak og kommer fra øst eller sørøst.

I Trøndelag er det nordlig bris. Oppholdsvær, men senere noen regnbyger. Temperaturen er 15–17 grader.

I Vest-Norge, Østafjells og Sør-Norge er det nordvestlig bris, skyet og noen regnbyger. 13–15 grader. Noe kaldere i indre strøk.

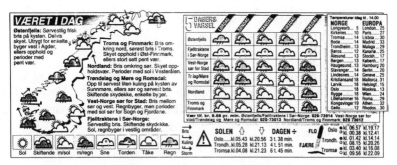

Source: *Aftenposten* (Norwegian national newspaper)

Værutsiktene for de neste fire døgn

I fjelltraktene i Sør-Norge blir det mye snø de neste fire døgn.

Vestlandet får regnbyger, med litt sol av og til.

Nordland, Troms og Finnmark får lettskyet, til dels pent vær med sol.

Østafjells blir det mange skyer og mye regn på lørdag. På søndag, mandag og tirsdag blir det litt lettere med regnbyger og litt sol av og til.

I Trøndelag, Møre og Romsdal blir det de to første dagene mange regnbyger med litt sol av og til. På mandag og tirsdag blir det færre skyer, oppholdsvær og litt sol.

Vocabulary

døgn (et, –)	night and day (24 hours)	**ytre strøk**	coastal areas
		sky (en/ei, -er)	cloud
vær (et)	weather	**regnbyge (en/ei, -r)**	shower

indre strøk	inland	**lettskyet**	few clouds
bris (en)	breeze	**til dels**	partly
oppholdsvær (et)	no rain	**Østafjells**	Eastern Norway
grad (en/ei, -er)	degree		(east of the
i fjelltraktene	in the		mountains)
	mountains		

Language points

The translation of 'many', 'few', 'much', 'a little', and in particular of 'more'

1 'Many' (**mange**) and 'few' (**få**) are easy to deal with. They are used in combination with countable nouns (nouns that have both singular and plural forms) in both English and Norwegian:

mange biler	many cars
mange skyer	many clouds
få biler	few cars
få skyer	few clouds

2 'Much' (**mye**) and '(a) little' (**litt**) are just as straightforward, being only used together with uncountables (nouns that have no plural form):

mye regn	much rain
litt regn	a little rain

3 'Fewer' (**færre**) and 'fewest' (**færrest**) are used together with countables:

færre biler	fewer cars

Færrest can be used in both definite and indefinite forms, with different meaning:

(a) **færrest**	fewest
Håkon er den som har	Håkon is the one with fewest
færrest epler i hagen sin.	apples in his garden.
(b) **de færreste**	very few/only a few
De færreste eplene er	Very few of the apples are ripe
modne nå.	yet.

4 'Less' (**mindre**) and 'least' (**minst**) follow the same pattern and can only be used together with uncountables:

mindre regn	less rain
minst regn	least rain

5 'More'/'most': While the English uses 'more' with uncountables as well as countables, Norwegian distinguishes rigorously:

mer regn	more rain
but: **flere epler**	more apples

As far as 'most' is concerned, the usage of the definite and the indefinite forms is comparable to the usage of **færrest** above:

With uncountables:

(a) **Det falt mest snø på Østlandet.**   (more than in the rest of the country)

(b) **Det meste falt på Østlandet.**   (most of it fell in Eastern Norway)

With countables:

(a) **Anders spiste flest plommer.**   (he had more than anybody else)

(b) **Anders spiste de fleste av de plommene som lå på bordet.**   (he had most of the plums that were on the table)

Note: neither **færrest** nor **flest**, unlike other adjectives, carries an **-e** when attached to a noun in the plural indefinite form.

Exercise 1

Construct questions as shown, starting them all with **Hvor**. More than one formulation is possible in some of the cases.

Example: **Kom det 20 mennesker til møtet? 30? 100?**
         Hvor mange mennesker kom det til møtet?

1 Røyker han 5 sigaretter om dagen? 20? 30?
2 Køpte du 15 liter bensin? 20 liter? 30 liter?
3 Tjener du 10000 kroner i måneden? 15000? 20000?
4 Drakk dere 1 flaske vin? 2 flasker? 3 flasker?
5 Har du 1 barn? 2 barn? 8 barn?
6 Kjørte dere 100 km? 150 km? 200 km?
7 Er tanken full av olje? halvfull? nesten tom?

Reading text

Været i Europa

Det snør på Island.
Det er mye regn i London.
Det er litt regn i Dublin.
Solen skinner i Nord-Tyskland.
Det er overskyet i Nord-Europa.
Det er lettskyet i Sør-Europa.
Det er ikke varmt i Danmark. Det er bare fire varmegrader.
Det er kaldt i Nord-Norge. Det er to kuldegrader.

Reading text

Roald Amundsen når fram til Sørpolen

Helt fra Roald Amundsen var barn hadde han drømt om å oppdage nye steder. Da han ble eldre, lærte han seg navigasjon og forberedte seg ellers så godt han kunne til lange reiser i iskalde deler av verden. Av eskimoer på Grønland lærte han å kunne overleve i bitende kulde.

Amundsen var med på mange ekspedisjoner, både i Nord- og Sørishavet, men det store målet hans var å nå Nordpolen. Han og mannskapet gjorde seg klar til denne reisen med skipet 'Fram' da de fikk høre at amerikaneren Robert Peary allerede hadde nådd Nordpolen. Amundsen forandret da planene sine.

Han hadde hørt at engelskmannen Robert Scott ville prøve å nå Sørpolen, og Amundsen ville konkurrere med Scott. De nye planene var hemmelige. Han fortalte ikke en gang mannskapet at de skulle til Sørpolen og ikke Nordpolen før de var langt på vei. Til Scott sendte han et telegram hvor det stod: 'Jeg vil gjerne informere Dem om at "Fram" seiler mot Sørishavet.'

Amundsen og fire av mennene slet seg fram over isen, og 14. desember 1911 heiste de det norske flagget på Sørpolen. Bare vel en måned senere kom Scott og mennene hans fram. Det store kappløpet var over.

Exercise 2

Look at the weather map opposite and describe the weather in Norway.

5 dagers varsel

Nord-Norge nord for Vestifjorden: Etter hvert skiftende bris. Enkelte snøbyger i ytre strøk, ellers til dels pent vær.
Nordland, Trøndelag, Møre og Romsdal: Østlig bris. Stort sett oppholdsvær og til dels pent vær. Siste del av perioden trolig vestlig bris. Kjøligere.
Vest-Norge sør for Stad: Bris mellom sør og øst. Litt regn, vesentlig i sørlige områder. Mildt. Enkelte regnbyger, snøbyger i fjellet. Kjøligere.
Det Østafjelske: Østlig bris. Litt regn av og til, snø i fjellet. Siste del av perioden vestlig bris og stort sett pent vær. Kjøligere, særlig om natten.

Source: *Verdens Gang*

Vocabulary

oppdage (-et, -et)	explore	**mannskap (et, –)**	crew
navigasjon (en)	navigation	**gjøre seg klar**	get ready
forberede (-te, -t)	prepare	**forandre (-et, -et)**	change
ellers	otherwise	**konkurrere**	compete
iskald	ice cold	**(-te, -t)**	
kulde (en)	cold	**hemmelig**	secret
ekspedisjon	expedition	**informere (-te, -t)**	inform
(en, -er)		**slite (slet, slitt)**	pull, tear,
Nordishavet	the Arctic		struggle
	Ocean	**heise (-te, -t)**	hoist
Sørishavet	the	**flagg (et, –)**	flag
	Antarctic	**vel en måned**	a little over
	Ocean	**(en, -er)**	a month
mål (et, –)	goal	**kappløp (et, –)**	race

Language points

Indirect speech

Direct speech: *'I'm cold'*, says Nina.
Indirect speech: Nina says *she's cold.*
Reporting somebody else's words is called *indirect speech*. In indirect speech the words are kept as close to what has been said (the *direct speech*) as possible. Logical variations in the personal pronouns will inevitably occur in the transition, but these are much the same in Norwegian and in English. However, there are some points to note.

When reporting statements, use **å si + at**:

Amundsen sier: 'Vi skal reise til Sørpolen.'

becomes:

Amundsen sier at de skal reise til Sørpolen.

When reporting questions, use **å spørre + om**:

Amundsen spør: 'Skal vi reise til Sørpolen?'

becomes:

Amundsen spør om de skal reise til Sørpolen.

As clauses beginning with **at** and **om** are subordinate clauses, any negative word in them will appear before the finite verb (see Lesson 10).

> **Amundsen telegraferer til Norge: 'Vi skal ikke reise til Nordpolen.'**

becomes:

> **Amundsen telegraferer til Norge at de ikke skal reise til Nordpolen.**

Note 1: if the report is in the past tense, all verbs will change accordingly.

Note 2: in Norwegian direct speech is introduced by means of a colon, not a comma as in English.

Exercise 3

Håkon is asking his class questions about Roald Amundsen. Write the questions and answers down in reported form, using a mixture of **sier**, **spør**, **svarer** and **forteller** in the present tense.

1 HÅKON: Kan dere fortelle meg om Roald Amundsen?
2 LISE: Han levde fra 1872 til 1927.
3 HÅKON: Han levde ikke til 1927.
4 MARIE: Han levde til 1928.
5 KIRSTEN: Roald Amundsen var førstemann på Sørpolen.
6 PER: Han planla å reise til Nordpolen.
7 HÅKON: Vet dere hvem Robert Peary var?
8 ØYVIND: Han var førstemann på Nordpolen.
9 KNUT: Skipet til Amundsen het 'Fram'.
10 TURID: Han hadde seks menn med seg til Sørpolen.
11 HÅKON: Han hadde ikke seks menn!
12 ERIK: Han hadde fire menn med seg.
13 EVA: Han nådde Sørpolen en måned før Robert Scott.
14 LARS: De kom fram 14. desember 1911.

Dialogue 🔊

Pamela and Håkon are just waking up after a stormy night

HÅKON: For et tordenvær det var i natt!
PAMELA: Tordenvær? Jeg må ha sovet veldig tungt. Jeg hørte ikke noe.

HÅKON: Du må da ha hørt brannbilene?
PAMELA: Nei! Jeg hørte ikke tordenværet, og jeg hørte ikke brannbilene heller. Jeg var dødstrett da vi gikk til sengs.
HÅKON: Anders må ha vært oppe. Det er lys i gangen.
PAMELA: Ja, jeg har sett det. Han har nok vært på WC.

Vocabulary

tordenvær (et)	thunderstorm	**brannbil**	fire engine
tungt	heavily	**(en, -er)**	
gang (en, -er)	corridor	**dødstrett**	dead tired

Note 1: less emphatically, Pamela would have expressed herself like this:

Jeg hørte verken torden-   I heard neither the thunderstorm
  været eller brannbilene.   nor the fire engines.

Note 2: **Jeg hørte ikke brannbilene heller.** I didn't hear the fire engines either.

Language points

Position of object pronouns

You know that objects normally fit in under *N* as shown here:

F	*v*	*n*	*a*	*V*	*N*	*A*
Jeg	hørte	—	ikke	—	tordenværet	—

However, in some cases where the object is an unstressed pronoun it does not belong under *N* any more, but pushes itself down between *n* and *a*. This happens when and only when *V* is empty:

F	*v*	*n*	*a*	*V*	*N*	*A*
Jeg	hørte	—	det ikke	—	—	—

When there are entries under *V* any object belongs under *N*:

F	*v*	*n*	*a*	*V*	*N*	*A*
Jeg	har	—	ikke	hørt	tordenværet	—
Jeg	har	—	ikke	hørt	det	—

Order from your bookseller or from:

ROUTLEDGE LTD
ITPS
Cheriton House
North Way
Andover
Hants
SP10 5BE
ENGLAND

ROUTLEDGE INC.
29 West 35th Street
New York
NY 10001
USA

pronunciation practice, dialogues and role-playing exercises, recorded by native speakers of Norwegian and are an invaluable aid to improving your language skills.

If you have been unable to obtain the course pack, the double cassette (ISBN 0-415-11010-6) can be ordered separately through your bookseller or, in case of difficulty, send cash with order to Routledge Ltd ITPS, Cheriton House, North Way, Andover, Hants SP10 5BE, price (1995) £14.99* including VAT, or to Routledge Inc., 29 West 35th Street, New York, NY 10001, USA, price $24.95*.

The publishers reserve the right to change prices without notice.

CASSETTES ORDER FORM

Please supply one/two/ .... double cassette(s) of

Colloquial Norwegian, Bråtveit, Jones and Gade.

ISBN   0–415–11010–6

Price   £14.99* incl. VAT
        $24.95*

☐   I enclose payment with order.
☐   Please debit my Access/Mastercharge/Visa/American Express. Account number:

Name   ....

Address   ....

....

....

Expiry date   ....

Exercise 4

Translate the following short dialogues:

1 – Didn't you borrow Pamela's old records?
   – Yes, but I didn't play them.
2 – Didn't he say that he'd fetch Marit?
   – Yes, but he hasn't fetched her yet.
3 – Have you met our new neighbours?
   – No, I haven't seen them.
4 – Weren't those large potatoes horrible?
   – Yes, I didn't eat them.

Language points

For **in exclamations**

For is a word used in exclamations:

For et tordenvær!	What a thunderstorm!
For en sjanse!	What an opportunity!
For noe tull!	What nonsense!
For noen gaver!	What presents!

Til sengs **and similar set phrases**

The following set phrases are remnants from Old Norse, when the preposition **til** was followed by a genitive:

til sengs	to bed	**til sjøs**	to sea
til bords	at table	**til lands**	ashore
til fjells	to the mountains	**nå til dags**	nowadays
til topps	to the top	**til dels**	partly

12 Togreiser

Travelling by train

In this lesson you will learn about:

- Words and phrases for travelling
- Telling the time
- The relative pronoun **som**
- Comparison of adjectives

Dialogue 🔢

Håkon is booking a ticket at the railway station in Lillestrøm

HÅKON: Jeg vil gjerne bestille en returbillett til Bergen.
BILLETTØREN: Med nattoget?
HÅKON: Nei, men jeg må være i Bergen før klokken 15 i morgen.
BILLETTØREN: Da må De ta 7.30 toget fra Oslo. Det er i Bergen klokken 14.07.
HÅKON: Ja, det passer fint.
BILLETTØREN: Nå skal jeg se om det er noe ledig. Røyker eller ikke-røyker?
HÅKON: Ikke-røyker.
BILLETTØREN: Vil De ha vindusplass?
HÅKON: Ja, gjerne. Er det forbindelse med tog fra Lillestrøm?
BILLETTØREN: Ja da. Det går tog minst hvert tiende minutt fra Lillestrøm til Oslo om morgenen. De kan for eksempel ta 6.47 toget.
HÅKON: Hvor lang tid har jeg til å skifte tog i Oslo da?
BILLETTØREN: De har 15 minutter.

Language in use

Words and phrases for travelling

togtabell (en, -er)	railway timetable
enkelbillett (en, -er),	single ticket,
returbillett	return ticket
toget går fra	the train leaves from
det ankommer	it arrives at
toget (et, –) er i rute (en/ei, -r)	the train is on time
hver hele time	on the hour
hvert tiende minutt	every ten minutes
plassbillett (en, -er)	seat ticket
vindusplass (en, -er)	window seat
kupé (en, -er)	compartment
røyker (en, -e)	smoker
ikke-røyker	non-smoker
ha forbindelse (en, -r) med	connect with
gå på, gå av	get on, get off
skifte (-et, -et)	change
er forsinket	is late
spisevogn (en/ei, -er)	dining car
sovekupé (en, -er)	sleeper

Note: **reise med tog**, **med buss**, **med fly**, **med båt**, **med bil** or **i bil**

Telling the time

Phrases:

Klokken er fire.	It's four o'clock.
Hva er klokken?	What time is it?
Den er fire.	It's four o'clock.

Reading the time:

Working to the hour

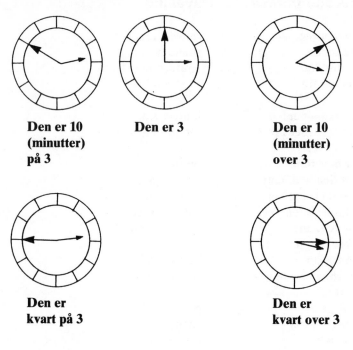

**Den er 10
(minutter)
på 3**

Den er 3

**Den er 10
(minutter)
over 3**

**Den er
kvart på 3**

**Den er
kvart over 3**

Working to the half hour

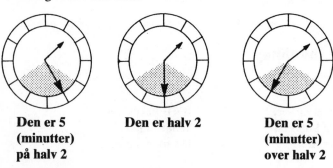

**Den er 5
(minutter)
på halv 2**

Den er halv 2

**Den er 5
(minutter)
over halv 2**

(Illustrations courtesy of Torun Gjelstrup)

Note 1: In Norwegian the half-hour works forwards, not backwards. **Halv ti** means 'half past nine' (halfway to ten). Do not confuse this with the English form 'half ten', which in Norwegian must be **halv elleve**.

Note 2: For times between twenty past and twenty to the hour the Norwegians normally relate the time to the half hour.

Note 3: In contrast to the English 'at', the Norwegian **klokken** can be omitted when speaking of minutes to or after the hour or half-hour, but never when speaking of the full hour:

> **Vi kommer klokken 4.**
> but: **Vi kommer (klokken) 10 (minutter) over 4.**

Norwegians have no signs for 'a.m.' and 'p.m.'. If necessary they use the expressions **om formiddagen** ('in the morning') and **om ettermiddagen** ('in the afternoon'), just as they have:

om dagen/natten	during the day/the night
om morgenen/kvelden	during the (early) morning/the evening

Corresponding to the English 'six twenty-five' Norwegian has **seks-tjuefem.**

The 24-hour clock is used in radio and TV and at airports, railway stations etc:

> **Kl 16.30 (seksten tretti) får vi Dagsnytt og Værmelding.**
> **Avgang til London kl. 20.10 (tjue ti).**

Eidsvoll					0513							0552				0617
Årnes			0503					0556						0620		
Lillestrøm	0447	0517	0541	0547	0559	0610	0617	0628	0637	0644	0647	0658	0701	0710
Sagdalen	0449	0519		0549			0619		0639		0649		0703	
Strømmen	0450	0520	0544	0550	0602	0614	0620		0640	0647	0650	0701	0704	0714
Fjellhamar	0452	0522		0552			0622		0642		0652		0706	
Hanaborg	0454	0524		0554			0624		0644		0654		0708	
Lørenskog	0456	0526		0556			0626		0646		0656		0710	
Høybråten	0458	0528		0558			0628		0648		0658		0712	
Haugenstua	0500	0530		0600			0630		0650		0700		0714	
Grorud	0502	0532		0602			0632		0652		0702		0716	
Nyland	0503	0533		0603			0633	0639		0655	0703	0709	
Alna	0505	0535		0605	0612	0624	0635				0705			0723
Bryn	0508	0538		0608			0638		0657	0700	0708	0714	0721	0726
Oslo S	0515	0545	0603	0615	0621	0633	0645	0650	0703	0706	0715	0719	0727	0733
Nationaltheatret	0517	0547	0605	0617	0623	0635	0647		0705	0708	0717		0729	0735
Skøyen	0522	0552	0610	0622	0628	0640	0652		0710	0713	0722		0734	0740
Lysaker/Fornebu	0525	0555		0625			0655				0725	
Sandvika	0534	0604		0634			0704				0734	
Asker	0548	0618		0648			0718				0748	
Spikkestad			0633				0733					
Drammen	0601			0701							0801	

Togtabell

Her er togtabellen for lokaltogene mellom Eidsvoll og Drammen om morgenen. Fra Eidsvoll går det bare to tog som er i Oslo før klokken 7.30 (halv åtte), men fra Lillestrøm går det tretten. De fleste togene stopper ved 11 (elleve) stasjoner mellom Lillestrøm og

Oslo, og disse togene tar 28 (tjueåtte) minutter. Noen tog stopper
bare en eller to ganger, så de tar bare 22 (tjueto) minutter. Håkon
skal ta toget som går fra Lillestrøm 13 (tretten) minutter på sju. Han
må vente i Oslo fra kvart over sju til 7.30 (halv åtte).

Fra Oslo til Bergen med tog

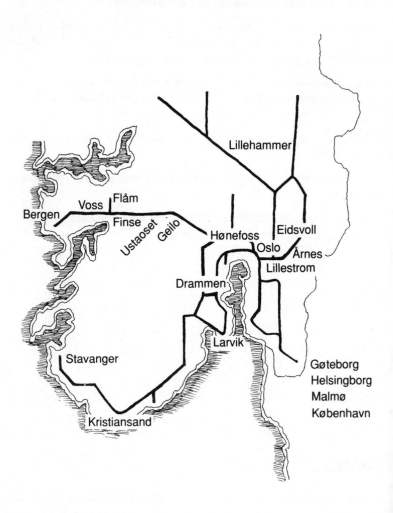

Togene fra Oslo til Bergen starter fra Oslo Sentralstasjon. De hurtigste togene bruker 6½ time på turen, men de som stopper flere steder bruker 8½ time. På alle dagtogene kan man kjøpe seg en kopp kaffe eller et måltid. Man blir sikkert sulten på den lange reisen! Ett av dagtogene kalles Barnetoget, fordi det har en spesialvogn for reisende med barn mellom 5 og 12 år. På nattoget kan man sove hele veien i en sovekupé. Men hvis man har tid, er det lurt å ta et dagtog, for da kan man nyte den vakre utsikten fra togvinduet.

Alle togene stopper ved Fornebu for å ta med seg passasjerer som er kommet reisende med fly. Deretter stopper toget i to mindre byer, Drammen og Hønefoss, før det begynner reisen opp gjennom Hallingdal, som er en av de vakreste og lengste dalene i landet. Naturen her er variert og imponerende, med høye fjell og gårdsbruk høyt oppe i åssidene. Stedene man passerer er idylliske. Menneskene som bor her har vært flinke til å bevare de gamle tradisjonene, og fra toget kan man se mange stabbur og andre tømmerhus med torvtak.

Dette området er også populært som feriemål, både om sommeren og vinteren, og mange byfolk har hytter her oppe. Geilo og Ustaoset er kjente vintersportssteder.

Toget klatrer høyere til fjells og stopper ved Finse som ligger 1200 meter over havet. Her kan man gå på ski til langt ut på sommeren.

I Myrdal tar togene en liten pause, og her er det mange turister som går av toget for å reise med den kjente Flåmsbanen, en stupbratt togrute ned mot Sognefjorden.

Neste stopp er Voss, som ligger vakkert til mellom fjellene. Voss er også et meget populært vintersportssted.

Fra Voss tar det vel en time til man er i Bergen.

Vocabulary

det er lurt	it's a good idea	**tømmerhus (et, –)**	log cabin
gårdsbruk (et, –)	farm	**torvtak (et, –)**	turf roof
ås (en, -er)	ridge	**område (et, -r)**	area
bevare (-te, -t)	preserve	**klatre (-et, -et)**	climb
stabbur (et, –)	old storehouse	**hav (et, –)**	ocean
		stupbratt	precipitous

Exercise 1

Look at this timetable for the Oslo to Bergen trains and answer the following questions:

Tog nr	1451	61 ⚥🅡 1.kl.🐻	601 ⊗🅡	63 ⊗🅡 1.kl.	65 ✕🅡 1.kl.	815 ⚥	693	605 🅡	607 🅡
Oslo S		0730	1030	1430	1542	1700		2300	2336
Lysaker/Fornebu		0739p	1040p	1439p	1551p	1710p		2310p	2346p
Asker		0752p	1053p		1605p	1724p		2325p	0003p
Drammen		0808p	1109p	1505p	1620p	1740	1802	2344	0030
Hokksund			1129				1821	2359	
Vikersund		0838c	1152				1845	0021	
Hønefoss		0901	1217	1556	1715		1911	0052	0140
Flå			1307		1757d		2011		
Nesbyen		1013	1337		1823		2036	0213	0344
Gol		1025	1355	1714	1836		2050	0241	0359
Ål	0910	1047	1422	1732	1856		2121	0307	0422
Geilo	0938	1107	1448	1752	1916		2142	0335	0445
Ustaoset	0953	1118	1502		1927			0347	0456
Haugastøl	1009		1514		1936			0357	0506
Finse	1040	1150	1544		2000			0424	0533
Hallingskeid	1100		1600						
Myrdal	1113	1217	1613	1858				0450	0559
Myrdal	1140	1220	1623	1900				0502	0601
Upsete	1147x		1629e						
Mjølfjell			1643e						
Reimegrend			1655e						
Voss	1233	1303	1720	1942	2108			0600	0653
Dale			1747					0631	0722
Vaksdal								0648	0741
Arna		1359a	1818a	2037a	2206a			0713	0808
Bergen		1407	1826	2045	2214			0721	0816

Grønne avganger:									
Mandag		●	●	●	●	●		●	●
Tirsdag - Torsdag	●	●	●	●	●		●	●	
Fredag			●				●		
Lørdag	●	●	●			●		●	
Søndag									

Ved høytider, bevegelige helligdager og i skolenes ferieperioder, kan det bli endringer i grønne avganger.

1 Hvor mange stasjoner er det mellom Oslo og Hønefoss?
2 Hva heter stasjonene før Hønefoss?
3 Hvor lang tid tar Håkons tog fra Oslo til Geilo?
4 Hvor lang tid tar nattoget fra Oslo til Geilo?
5 Hva heter stasjonen før Finse?
6 Hva heter stasjonen etter Finse?
7 Hva heter den neste stasjonen?
8 Hvor lenge stopper Håkons tog i Myrdal?
9 Når er Håkons tog på Voss?
10 Hvor lang tid tar Håkons tog fra Oslo til Bergen?

Language points

The relative pronoun som

Relative pronoun: Håkon, *who* has a meeting in Bergen, takes the train.
The train *that* he'll be taking leaves at 7.30.
Geilo, *which* is in Hallingdal, is an idyllic town.

Som behaves like subordinating conjunctions, introducing subordinate clauses, and it refers to an immediately preceding noun or pronoun. **Som** is indeclinable.

As subject:

Håkon, som skal til Bergen, tar toget.

As object:

De stedene som toget passerer, er Geilo og Ustaoset.

Note 1: when **som** is functioning as the object, it can be omitted in Norwegian as well as in English:

De stedene toget passerer, er Geilo og Ustaoset.

Note 2: if **som** refers to a definite noun, the noun usually appears with **den, det** and **de**:

den byen som ...
det toget som ...
de stedene som ...

Note 3: the subordinate clause introduced by **som** is always followed by a comma. It is preceded by a comma only if the information given in the subordinate clause is additional information which is not strictly necessary:

De stedene som toget passerer, er Geilo og Ustaoset.
Håkon, som skal til Bergen, tar toget.

Exercise 2

Link the information in the brackets to the simple sentence, using **som**.

Example: **Toget kommer først til Geilo. (Geilo er et kjent vintersportssted.)**
Toget kommer først til Geilo, som er et kjent vintersportssted.

1 Vi tar nattoget. (Nattoget tar 8 timer til Bergen.)
2 Mange barn reiser med Barnetoget. (Barnetoget har en spesialvogn for reisende med barn.)
3 Man passerer mange idylliske tettsteder. (De idylliske tettstedene kan man se fra togvinduet.)
4 Toget stopper i Drammen. (Drammen ligger ikke i Hallingdal.)
5 Mange turister reiser med Flåmsbanen. (Flåmsbanen er en stupbratt togrute ned mot Sognefjorden.)
6 Neste stopp er Voss. (Voss ligger ikke ved sjøen.)
7 Togreisen fra Oslo til Bergen er en fantastisk tur. (Jeg vil anbefale denne turen på det varmeste.)

Language points

Comparison of adjectives and of participles used as adjectives

Adjectives:

positive	*comparative*	*superlative*
beautiful	more beautiful	most beautiful
short	shorter	shortest

Norwegian, like English, has three ways of constructing the comparative and the superlative of adjectives. There are no watertight rules for which form to use, but here are some general guidelines.

1 (a) Shorter adjectives form the comparative with **-ere** and the superlative with **-est**:

Positive	*Comparative*	*Superlative*
kort	**kortere**	**kortest**
pen	**penere**	**penest**

(b) Slightly irregular are the many adjectives ending in **-ig** and **-som**. They only add **-st** in the superlative:

vanskelig	**vanskeligere**	**vanskeligst**
hurtig	**hurtigere**	**hurtigst**
langsom	**langsommere**	**langsomst**

Note: the final **m** in **-som** will double before the ending **-ere** in the comparative.

(c) Adjectives ending in **-er, -el** and **-en** contract in the comparative and superlative:

vakker	**vakrere**	**vakrest**
enkel	**enklere**	**enklest**
moden	**modnere**	**modnest**

2   Rather as in English, **mer** ('more') and **mest** ('most') are used with:

(a) nearly all adjectives of three or more syllables:

interessant	**mer interessant**	**mest interessant**

Trondheim er den mest interessante byen jeg har besøkt i sommer.

(b) the *present participle* and the *past participles:*

levende	**mer levende**	**mest levende**
kjent	**mer kjent**	**mest kjent**

Tromsø er mer levende enn mange andre byer.
Edward Grieg er den mest kjente norske komponisten.

(c) adjectives ending in **-et** and **-ed**:

begavet	**mer begavet**	**mest begavet**
fremmed	**mer fremmed**	**mest fremmed**

Einstein var mer begavet enn de fleste mennesker.

(d) adjectives ending in **-sk**:

glemsk	**mer glemsk**	**mest glemsk**

3   The following have a totally irregular comparison:

Positive	*Comparative*	*Superlative*
god/bra	**bedre**	**best**
ille/dårlig	**verre**	**verst**
ond/vond	**verre**	**verst**
gammel	**eldre**	**eldst**
ung	**yngre**	**yngst**
få	**færre**	**færrest**
mange	**flere**	**flest**
mye	**mer**	**mest**
stor	**større**	**størst**
liten	**mindre**	**minst**
lang	**lengre**	**lengst**
tung	**tyngre**	**tyngst**

Note 1: the superlative is also used in a comparison of only two objects:

Anders er eldst/den eldste av de to barna.
Anders is the elder of the two children.

Note 2: expressions with **aller** ('the most of all') and **nest** ('second most'):

Tønsberg er den aller eldste byen i Norge.
Tønsberg is the oldest city in Norway.

Bergen er den nest største byen i Norge.
Bergen is the second largest city in Norway.

Language in use

Similarity and dissimilarity

Kaffen er for sterk i dag.	The coffee is too strong today.
Kaffen er ikke sterk nok i dag.	The coffee is not strong enough today.
Marit likner Pamela.	Marit looks like Pamela.
Marit og Anders er ikke like høye.	Marit and Anders are not equally tall.
Anders er høyere enn Marit.	Anders is taller than Marit.
Sokkene dine er ikke like (*or:* **er ulike**).	Your socks are not alike.
Håkons bil er annerledes.	Håkon's car is different.

Exercise 3

Contradict these statements as shown:

Example: **Mont Blanc er like høy som Mount Everest.**
Nei, Mount Everest er høyere enn Mont Blanc.

1 En sitron er like søt som en appelsin.
2 Hull er like interessant som York.
3 Belgia har like mange innbyggere som Italia.
4 Et dyr er like intelligent som et menneske.
5 Marit er like gammel som Anders.
6 Bergen er like stor som Oslo.

Exercise 4

And some more statements to contradict – as shown in the first example!

Example: **En ulv er like farlig som en bjørn.**
Nei, bjørnen er farligst.

1 En flue er like liten som en mygg.
2 April er like lang som mai.
3 Tårnet i Pisa er høyere enn Eiffeltårnet.
4 Biler er like hurtige som fly.
5 En fjør er like tung som en stein.
6 Romerne var like krigerske som vikingene.

13 I byen

In town

In this lesson you will learn about:

- The present passive
- Compound nouns
- Demonstrative pronouns and adjectives ('this', 'these')
- Words for giving directions
- Making, declining and accepting an offer
- Asking and expressing an opinion
- Showing preferences

Reading text

En norsk by

Bergen ble grunnlagt i 1070 og ble fort Norges viktigste havneby. Tyske handelsmenn slo seg ned og drev handel på 'Bryggen', som nå er restaurert. Turister og bergensere selv elsker å rusle rundt i de trange smugene og gjerne stikke innom de store, gamle trebygningene som nå brukes som museer, restauranter og små butikker.

Handel og skipsfart har alltid vært viktige stikkord i Bergens historie. Ute på havna ligger store passasjerskip, lokale rutebåter og 'Hurtigruta', som starter i Bergen og seiler nordover langs hele Norges kyst med varer og passasjerer.

Bergen ligger, liksom Roma, mellom sju fjell. Du kan ta 'Fløybanen' til topps på et av fjellene og nyte den utrolige utsikten over byen, fjorden og fjellene.

Men til tross for en meget interessant historie og vakker natur, er Bergen først og fremst en moderne og levende by. På fisketorget vil man oppleve et yrende folkeliv. Her treffer du bergensere som vil kjøpe fersk fisk eller nykokte reker til middagen, og du treffer også turister som vil kjøpe seg en souvenir, eller som bare vil oppleve den spesielle stemningen.

Bergen har også mye å by på når det gjelder kultur. Museer og kunstgallerier ligger på rekke og rad midt i byen, og 'Trollhaugen', hvor Edvard Grieg bodde, blir besøkt av de som er interessert i musikk.

Bergenserne er veldig stolte over byen sin og sier: 'Jeg er ikke fra Norge, jeg er fra Bergen.'

Vocabulary

grunnlegge (-la, -lagt)	found	vare (en/ei, -r)	goods
handel (en)	trade	by (bød, budt) på	offer
slå (slo, slått) seg ned	settle	'Fløybanen'	the Fløyen funicular
restaurere (-te, -t)	restore	til tross for	despite
rusle (-et, -et)	stroll	først og fremst	first and foremost
smug (et, –)	passage	fisketorg (et, –)	fish market
stikke (stakk, stukket) innom	pop into	yrende	teeming
butikk (en, -er)	shop	fersk	fresh
skipsfart (en)	shipping	reke (en/ei, -r)	prawn
havn (en/ei, -er)	harbour	stemning (en/ei, -er)	atmosphere
rutebåt (en, -er)	passenger boat	kunst (en)	art
kyst (en, -er)	coast	på rekke og rad	one after the other
		stolt	proud

Language points

The present tense in the passive

Passive, the present tense: The old house *is used* as a library.
In Norwegian there are no fewer than three forms that could be called the *present passive:*
(a) the **s**-passive:

> **De gamle trehusene brukes nå som museer, restauranter og små butikker.**
> The old wooden buildings are now used as museums, restaurants and small shops.

(b) the **bli**-passive:

> **'Trollhaugen' blir besøkt av de som er interessert i musikk.**
> 'Trollhaugen' is visited by those who are interested in music.

(c) the **være**-passive:

> **'Bryggen' er restaurert.**
> 'Bryggen' is restored.

Forms (a) and (b)
As you can see, form (a) has the same form as the *passive infinitive*, while form (b) consists of **bli** + the *past participle.*

The two forms are to some extent interchangeable, and both tell us that something is happening. However, in ordinary speech the (b) form is the more common, especially if there is an agent. In general it might be said that these two forms are the ones to be used where the equivalent English sentence could in theory have 'being' inserted, for instance in 'The old wooden buildings are (being) used as museums, restaurants and small shops.'

Form (c)
The (c) form, on the other hand, is used when nothing at all is happening, when we are presented with the result of an action.

Exercise 1

Newspapers often make use of the present passive tense. How many of those opposite can you understand?

KAN BLI AVSLØRT

STILLING SØKES

Gøran nektes plass i døve-barnehage:

Soldater skal
rustes for jobb

Nordlandspike søkes

10 sies opp
i Bellona

Spillere «fredes»?

Source: *Aftenposten*

Vocabulary

avsløre (-te, -t)	reveal, uncover	**nekte (et, -t)**	deny
stilling (en/ei, -er)	position, job	**plass (en, -er)**	place
		døv	deaf
pike (en, -er)	girl	**soldat (en, -er)**	soldier
søke (-te, -t)	seek	**ruste (-et, -et)**	equip
sparke (-et, -t)	fire	**jobb (en, -er)**	work, job
si (sa, sagt) opp	fire	**frede (-et, -et)**	protect
		spiller (en, -e)	player

Language points

Compound nouns

Compound noun: Huge *passenger boats* lie in the harbour.

Norwegian often makes use of compounds where English prefers to write two separate words. Most compounds consist of noun + noun, and the two are normally combined in one of the following three ways, though there is no distinct pattern.

1 *noun + noun:*   **passasjer + båt = passasjerbåt**

2 *noun + s + noun*:   **handel + s+ mann = handelsmann**

3 *noun + e + noun:*   **fisk + e + torg = fisketorg**

Compound nouns take their gender from the last component and are inflected according to that as well:

passasjer (en, -er) + båt (en, -er) = passasjerbåt (en, -er)
fisk (en, -er) + torg (et, –) = fisketorg (et, –)

Reading text

Slik bor nordmennene

Mange turister tror at nordmenn bor i små tømmerhus med torvtak. Disse husene finnes nok, men det er ikke så mange av dem, og nå brukes de først og fremst som feriehus. De fleste husene på landet er moderne nå til dags. En engelsk turist vil legge merke til at nesten alle husene er bygget av tre, ikke av stein eller murstein. Det er ganske vanlig at unge familier får bygget sitt eget hus, slik at de kan bestemme akkurat hvordan de vil ha det.

I byene bor folk i leiligheter eller rekkehus. Mange av bolig-blokkene fra dette århundre har flotte og lyse leiligheter. Eneboligene finner du gjerne i utkanten av byene og ute på landet. Disse eneboligene har ofte store vinduer og balkonger hvor man kan sitte og nyte utsikten. Nordmenn liker også å spise ute, på balkongen eller i hagen, hvis været er varmt og fint.

Note: **på landet** (in the country) is the expression used as distinct from **i byen** or **i byene** (in the town/s).
I landet means in the country as a nation.

Vocabulary

nå til dags	nowadays	**boligblokk**	block of
legge (la, lagt)	notice	**(en/ei, -er)**	flats
merke til		**århundre (et, -r)**	century
tre (et)	wood	**enebolig (en, -er)**	detached
leilighet	flat,		house
(en/ei, -er)	apartment	**balkong (en, -er)**	balcony
rekkehus	terraced	**murstein (en, -er)**	brick
(et, –)	house		

Language points

The demonstrative pronouns

A demonstrative adjective: *This* house is mine.
A demonstrative pronoun: *This* is an old building.

The Norwegian demonstrative pronouns (and adjectives) are **denne/dette/disse**. **Denne** and **dette** are singular forms, and **disse** is plural. The definite form of the noun is used with the demonstrative adjectives.

Denne byen er norsk.
Dette landet er stort.
Disse husene er moderne.
Ja, men jeg foretrekker disse.   Yes, but I prefer these.

Exercise 2

Follow the route described below through this town.

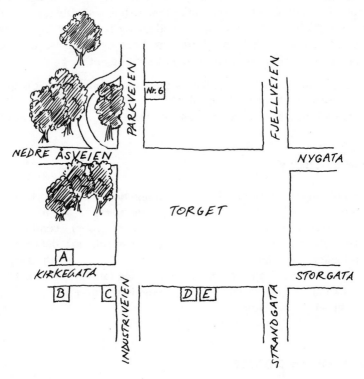

(Illustration courtesy of Torun Gjelstrup)

Gå ned Kirkegata, forbi kirken og biblioteket. Biblioteket ligger på høyre siden. Kirken ligger på den andre siden av gata, rett overfor biblioteket.

Fortsett helt til kolonialbutikken, som ligger på hjørnet av Kirkegata og Industriveien.

Kryss Industriveien og gå rett fram, forbi museet og rådhuset, som ligger ved siden av hverandre. Museet ligger før rådhuset. (Man kan også si at rådhuset ligger etter museet!)

Når du kommer til Strandgata, tar du til venstre. Nå skal du gå tvers over torget og inn i parken. Følg stien gjennom parken. Til slutt kommer du ut i Parkveien.

Kryss Parkveien, gå inn i Parkveien 6 og opp i andre etasje.

Der bor jeg!

Note : **i gata, på torget, på veien:**

Det er mye trafikk i gata.
Pamela bor i Fjellgata 3.
Vi kjøpte fisk på torget.
Det lå en avis på veien.
But: **Jeg bor i Parkveien 6.**

What buildings do A, B, C, D and E represent?

Dialogue 🔲

Pamela and Karin, out shopping in the late morning, are just passing a cafeteria

KARIN: Vet du hva? La oss spise lunsj her!
PAMELA: Nei takk, det går nok ikke. Jeg må hjem til lunsj.
KARIN: Vil du ikke ha en kopp formiddagskaffe heller? Jeg spanderer!
PAMELA: Jo takk. Det vil jeg gjerne. Så kjøper jeg et par vafler til!
KARIN: Å, vafler kan jeg aldri si nei til!

Vocabulary

det går nok ikke that's not a good idea, I'm afraid

Note: **par (et, –)** can mean both a pair and a couple:

et par sko   a pair of shoes
et par vafler   a couple of waffles (i.e. a few)
et ektepar   a married couple

Language in use

Phrases for making an offer

Vil du ha en kopp te?   Do you want a cup of tea?
Kan/Kunne du tenke deg en øl?   Do you fancy a beer?
Jeg spanderer!   This is on me!

Phrases for accepting or declining an offer

To accept an offer in a polite way the answer **Ja takk** is sufficient, but it is often followed by **gjerne**, either on its own or in a phrase like **Det vil jeg gjerne.**

Ja takk, gjerne.
Ja takk, det vil jeg gjerne.

If you feel overwhelmed by the offer, expressions of false modesty like these can be used:

Det er altfor mye!	That is far too much!
Det kan jeg virkelig ikke ta imot!	I really can't accept that!

To decline an offer you say **Nei takk**, possibly followed by **Ellers takk.**

To suggest alternatives to the offer you can say:

Nei takk, jeg vil heller ha ...   No thanks, I'd rather have ...

Dialogue 📼

Pamela has dragged Håkon into a clothes shop

PAMELA: Det er to kjoler jeg gjerne vil vise deg.
HÅKON: Du vet godt at jeg hater å se på klær!
PAMELA: Ja, men se nå her! Hva synes du om denne kjolen her?
HÅKON: Jeg synes fargen er grusom!
PAMELA: Hva med denne her da?
HÅKON: Ja, jeg foretrekker den. Jeg liker fargen, men den er altfor kort til deg!
PAMELA: Ja vel. Da kan vi like godt gå igjen. Jeg liker ingen av de andre.

Vocabulary

kjole (en, -r) dress	**grusom** appalling
farge (en, -r) colour	**like godt** just as well

Language in use

How to ask and express an opinion

Hva synes du?	What do you think?
Jeg synes (at) ...	I think (that) ...
Jeg liker ...	I like ...
Jeg liker ikke ...	I don't like ...
Jeg har ikke noe imot...	I have nothing against ...

Showing preference

Jeg vil gjerne ha en kopp kaffe.	I'd like a cup of coffee.
Jeg vil heller ha en kopp te.	I'd rather have ...
(*or:* **Jeg foretrekker en kopp te.**)	(I prefer ...)
Jeg vil (aller)helst ha en kald øl.	I'd far prefer ...
Jeg liker godt svinestek.	I like roast pork.
Jeg liker bedre oksestek.	I prefer (*lit.:* like better) roast beef.
Jeg liker biff (aller) best.	I like steak best of all.

Exercise 3

Write out these dialogues.

You (*B*) have entered a bar with a friend (*A*).

A: Asks if you fancy a whisky.
B: Say no thank you. You don't like whisky. Say you'd rather have a cold beer.
A: Says he's very fond of whisky. Adds that he wants to pay for this.
B: Say no and insist this one is on you.

You (*B*) are sitting at home with a friend (*C*).

B: Ask if your friend wouldn't like a cup of coffee.
C: Accepts the offer.
B: Ask if she'd also like a waffle.
C: Declines the offer with thanks.

Reading text

Smil!

En katt og ei mus går inn på en kafeteria.
Servitøren spør musa: 'Hva vil du ha?'
Musa svarer: 'Jeg vil gjerne ha en stor kake med kremfløte.'
Så spør servitøren katten: 'Og hva vil du ha?'
Katten svarer: 'Jeg vil gjerne ha fløte på musa!'

Vocabulary

(krem)fløte (en) cream

Exercise 4

You don't like supermarkets. You prefer the smaller specialist shops. Where would you go to buy the things in the left column? Pair them with the shops to the right.

en avis	en blomsterbutikk
en kjole	en baker
en bukett blomster	en bensinstasjon
hodepinetabletter	en gullsmed
20 liter bensin	en bokhandel
en kake	en fotobutikk
et puslespill	en fiskebutikk
et halskjede	en klesbutikk
et fotoapparat	en leketøysbutikk
en kilo torsk	en kiosk
en bok	et apotek

14 Turister

Tourists

In this lesson you will learn about:

- Adverbs derived from adjectives
- The past perfect
- Expressions for giving advice
- Measures
- Adjectives standing on their own
- Question tags

Reading text

These paragraphs are in the wrong order. Rearrange them to make sense of the story. Start with No. 6.

Pamelas mor kjører i Norge

1 Politibetjenten fortalte henne at hun hadde kjørt for fort og glemt å tenne lysene.
2 I Kristiansand ble hun forvirret av høyrekjøringen. Et sted svingte hun til venstre og fortsatte et lite stykke på venstre side av veien.
3 'Takk,' svarte Pamelas mor, startet igjen – og kjørte rett inn i siden på en annen personbil.
4 Det var langt å kjøre, og på motorveien i Asker satte hun farten opp i 100 km. Det gikk fint helt til hun ble stanset av en politibil.
5 Men endelig var hun ute av Kristiansand! Det var utrolig få biler på veien. Hun satte farten opp i 90 km og kjørte forbi en lastebil som blokkerte sikten.

6 Pamelas mor hadde problemer på sin aller første tur til Norge med bil. Da hun kjørte fra fergen i Kristiansand, så hun ikke skiltene med de norske fartsgrensene. Hun bare kjørte i vei.

7 'Men', sa betjenten, 'denne gangen slipper De med en advarsel!'

8 Det gjorde henne nervøs, og i det neste lyskrysset kjørte hun på rødt lys. Så kom det en rundkjøring – og i den kjørte hun til venstre. Der var heldigvis ikke andre biler i nærheten!

Vocabulary

fort	fast	**slippe (slapp,**	get away
forvirret	confused	**sluppet) med**	with
høyrekjøring	driving on	**advarsel**	warning
(en/ei)	the right	**(en, -sler)**	
personbil	private car	**lyskryss (et, –)**	traffic lights
(en, -er)		**kjøre på**	drive through
nyte (nøt, nytt)	enjoy	**rødt lys**	red
til	to (*here*: until)	**rundkjøring**	roundabout
skilt (et, –/-er)	signpost	**(en/ei, -er)**	
fartsgrense	speed limit	**sikt (en)**	view
(en/ei, -r)			

Language points

Adverbs derived from adjectives

An adverb derived from an adjective: The car moved *quickly*
incredibly few cars

Many Norwegian adverbs are made from adjectives, simply by adding **-t** (but remember: no **-t** after **-ig**!):

Adjective	*Adverb*
fin nice	**fint** nicely
lang long	**langt** far
utrolig unbelievable	**utrolig** unbelievably

They are often used as adverbs of manner, and in the word order pattern they belong under *A:*

Det gikk fint.   It went well.

They are also used as amplifiers in front of adjectives:

Det var et utrolig vakkert hus. It was an unbelievably beautiful
house.

Note: **god** ('good'), **godt** ('well')

Exercise 1

Insert the missing adverbs in the sentences below, using the
Norwegian equivalents of the words in the list.

seriously	slowly	irresponsibly
bitterly	nicely	peacefully
lovingly		

1 Folk liker å høre på henne, for hun synger så _____.
2 Min mormor er _____ syk.
3 Den gamle mannen døde _____ i sengen sin.
4 Moren så _____ ned på det lille barnet sitt.
5 Bilisten kjørte _____ fort.
6 Vi hadde aldri kjørt i England før, så vi kjørte ganske
   _____.
7 Gutten fikk ikke være med, så han gråt _____ .

Language points

The past perfect tense

The past perfect: He *had gone*, when I came.

The past perfect consists of the past tense of **å ha** or **å være** plus *the
past participle*. (For when to choose **ha** and when **være** see Lesson
4.)

Han hadde kjøpt bensin. He had bought petrol.
Han var gått da jeg kom. He had gone when I came.

Exercise 2

Combine the three pairs of sentences below, changing them into
three sentences each consisting of a main clause and a subordinate
clause using the subordinating conjunction **etter at** ('after'). Note
how the '-ing' form is translated in this context.

Example: **Først spiste hun frokost. Så leste hun avisen.**
Hun leste avisen etter at hun hadde spist frokost.
She read the paper after having had her breakfast.

1 Først satte hun farten opp.
Så kjørte hun forbi lastebilen.
2 Først kjørte hun på rødt lys.
Så svingte hun til venstre i rundkjøringen.
3 Først bestilte hun en stor whisky.
Så satte hun seg ved et bord.

Language points

Fronting subordinate clauses

Here we have a subordinate clause under *A:*

F	*v*	*n*	*a*	*V*	*N*	*A*
Hun	leste	—	—	—	avisen	etter at hun hadde spist frokost

The subordinate clause could well have been fronted, as shown here:

F	*v*	*n*	*a*	*V*	*N*	*A*
Etter at hun hadde spist frokost	leste	hun	—	—	avisen	—

Exercise 3

Rewrite the three sentences from Exercise 2, fronting the subordinate clauses.

Exercise 4

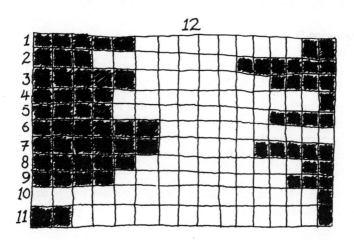

Across

1 Alle bilister må ha et _____.
2 Det er _____ å kjøre uten lys.
3 I England kjører man på _____ side av veien.
4 Når du parkerer, må du sette på _____.
5 I et _____ ser du rødt og gult og grønt.
6 Når du skal lære å kjøre, må du gå på _____.
7 I Norge kjører man på _____ side av veien.
8 En bil til transport av mennesker.
9 En bil som ofte gjemmer seg ved siden av hovedveiene.
10 Du kan parkere på en _____.
11 Du må holde deg til _____.

Down

12 Husk å kjøre til høyre i en _____!

Language in use

Expressions for giving advice

Jeg synes du skal …	I think you should (rather) …
Du må heller gå hjem nå.	You'd better go home now.
Det er best at du (slutter med å) …	You'd better (stop) …

Du må slutte (med) å ...	You'd better stop ...
Du må (ikke) ...	You must (not) ...

Exercise 5

Finish the sentences below with some good advice. For each one, take one idea from each column.

være høflig	gifte deg for tidlig
gå lange turer	sove hele dagen
begynne å studere	røyke
lære fremmede språk	skryte
trene mer	spise sukker og fett

Example: **Hvis du vil delta i de olympiske leker, må du heller trene mer og slutte å røyke.**

1 Hvis du vil slanke deg, ...
2 Hvis du vil klare eksamen, ...
3 Hvis du vil ut og se verden, ...
4 Hvis du vil gjøre et godt inntrykk, ...

Exercise 6

Write down the Norwegian for these animals:

1	pig	5	cat	9	sheep
2	cow	6	dog	10	chicken
3	horse	7	rabbit	11	bull
4	duck	8	lamb	12	cock

Now number the sentences below according to which animal they refer to:

(a) Den er lyserød og ser ofte skitten ut.
(b) Den er god å ri på.
(c) Vi får melk fra den.
(d) Den galer om morgenen.
(e) Den stanger og liker ikke røde klær.
(f) Den liker å fange mus.
(g) Vi klipper den for å få ull.
(h) Mange er gode til å holde vakt.

Dialogue 📟

It is early morning, and Pamela is busy doing housework

PAMELA: Du skal til byen nå i formiddag, ikke sant?
HÅKON: Jo, er det noe jeg skal gjøre for deg?
PAMELA: Du skal ikke i posten, vel?
HÅKON: Jo, jeg kan godt stikke innom der hvis det er noe.
PAMELA: Kan du sende en pakke for meg? Den ligger på bordet i gangen.
HÅKON: Det ligger to pakker her. Hvilken er det?
PAMELA: Den lille.

Vocabulary

gang (en, -er)   entrance (hall)

Language points

Adjectives standing on their own

Norwegians happily use an adjective on its own when the noun omitted is self-evident:

Den lille.   The small one.

Question tags

Question tag: She is nice, *isn't she?*
            They haven't gone, *have they?*

Where English has auxiliary verbs in question tags Norwegian simply uses **ikke sant** and **vel**. **Ikke sant** is added to a positive question, **vel** to a question with a negative component:

Du skal til byen, ikke sant?   You're going to town, aren't you?
Du skal ikke i posten, vel?   You're not going to the post
                    office, are you?

The verb and the subject can be repeated in the question tag:

Du skal til byen, skal du ikke?
Du skal ikke i posten, skal du vel?

Exercise 7

Translate the following sentences:

1 Pamela's mother arrived at Kristiansand, didn't she?
2 She didn't see the signs with the speed limits, did she?
3 Driving on the right didn't trouble her, did it?
4 She had problems, didn't she?
5 She didn't turn left at a roundabout, did she?
6 The light was red in the traffic lights, wasn't it?
7 She wasn't nervous, was she?
8 She hadn't got a slow car, had she?
9 She drove too fast, didn't she?
10 She was stopped by a police car, wasn't she?
11 The policeman only gave her a warning, didn't he?

Exercise 8

First read this set of regulations for visitors to a castle park, then answer the questions.

1 Parken er åpen hver dag fra 10 til 15.
2 Adgang til parken er gratis.
3 Sykling er ikke tillatt i parken.
4 Hunder kan ikke løpe fritt omkring.
5 Det er ikke tillatt å gå på plenen.
6 Dyrene i parken må ikke mates.
7 Man må ikke brekke greiner av trærne.
8 Røyking er forbudt i parken.
9 Biler kan parkeres på P-plassen 300 m sør for hovedinngangen.
10 Rullestoler kan leies ved hovedinngangen.
11 Toaletter finnes 100 m innenfor hovedinngangen.
12 Restauranten er stengt om onsdagen.

A young couple who come on their bicycles find point 3 on the list relevant. Which point (or points!) are relevant to the following people?

(a) En eldre dame som har glemt snoren til hunden sin?
(b) En far som har barn og baller med?
(c) En familie som har glemt pengene hjemme?
(d) Et ektepar som har tatt gammelt brød med til endene?
(e) En eldre mann som liker å røyke pipe når han går tur?
(f) En mor med et lite barn som skal på WC?

(g) Et par unge mennesker som kommer fem minutter over tre?

(h) En dame som gjerne vil ha noen friske bjørkekvister med seg hjem?

(i) En mann som har invitert sin kone på kaffe og kaker en onsdag?

(j) En tenåring som har lovet å kjøre sin funksjonshemmede gamle bestemor en tur i parken?

Vocabulary

adgang (en)	admission	**and (en/ei, ender)**	duck
gratis	free		
tillatt	allowed	**bjørkekvist (en, -er)**	birch twig
rullestol (en, -er)	wheelchair		
leie (-de, -d)	hire	**love (-et, -et)**	promise
snor (en/ei, -er)	lead	**funksjonshemmet**	disabled
ball (en, -er)	ball		

15 Sykdom og sunnhet

Sickness and health

In this lesson you will learn about:

- Translations of 'to think'
- General complaints about health
- Expressing the future
- **Noe, noen** ('some/any', 'something/anything', somebody/anybody')
- Expressing sympathy

Dialogue

Pamela comes out from Anders' bedroom early one morning

PAMELA: Jeg tror Anders er syk.

HÅKON: Hva er det i veien med ham?

PAMELA: Han klager over vondt i halsen og i hodet.

HÅKON: Jeg syntes han så trøtt ut i går også. Tror du han har feber?

PAMELA: Ja, helt sikkert. Men jeg har ikke tatt temperaturen hans ennå.

HÅKON: Skal jeg ringe til mor og spørre om hun kan komme over og passe ham?

PAMELA: Ja, det synes jeg er en god idé. Jeg synes nesten ikke jeg kan ta fri i dag.

Vocabulary

hva er det i veien	what is wrong	**ha (hadde, hatt) feber**	run a temperature
klage (-et/-de, -et/-d)	complain	**helt sikkert**	definitely
vondt	(*here*) a pain	**passe (-et, -et)**	look after
vondt i halsen og i hodet	a sore throat and a headache	**ta (tok, tatt)**	take (the day) off
		fri (i dag)	

Language points

Translating 'to think' can be quite tricky. Here are the possibilities:

(a) If 'think' means exercise the mind, use **tenke**:

Du må lære å tenke.	You must learn to think.

(b) If 'think' means 'believe', use **tro** or **mene**:

Jeg tror Anders er syk.	I think Anders is ill.
Jeg mener han har feber.	I think he's running a temperature.

(c) If 'think' means be 'of an opinion', use **synes**:

Det synes jeg er en god idé.	I think that is a good idea.
Jeg synes nesten ikke jeg kan ta fri i dag.	I don't really think that I can take a day off today.

Exercise 1

Use **tenke**, **tro** or **synes** to complete the sentences.

1 Jeg kan ikke _____ i dag.
2 Jeg _____ kakene var dyre.
3 Jeg kan ikke _____ det bli regnvær i morgen.
4 Jeg _____ Bergen er en flott by.
5 Jeg _____ du hoster for mye.
6 Jeg _____ på deg i går.
7 Jeg _____ jeg vil gå til sengs nå.

Exercise 2

Write down a reasonable answer to each of the complaints below.
Choose from the suggestions in the box:

> 1 Hold beinet i ro en dag eller to!
> 2 Slå av radioen og ta en tablett!
> 3 Slutt med å sitte ved datamaskinen hele dagen!
> 4 Kjøp noen sugetabletter!
> 5 Gå til sengs og legg deg på en varmepute!
> 6 Skjær det av!
> 7 Bestill time hos tannlegen!
> 8 Drikk tynn te til det går over!
> 9 Stapp litt bomull i det!

(a) Jeg har vondt i hodet!
(b) Jeg har vondt i ryggen!
(c) Jeg har vondt i magen!
(d) Jeg har vondt i øret!
(e) Jeg har vondt i tennene!
(f) Jeg har vondt i kneet!
(g) Jeg har vondt i halsen!
(h) Jeg har vondt i skuldrene!

Exercise 3

Parts of the body

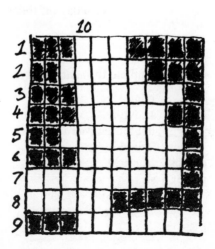

Across

1 På hver _____ er det fem tær.
2 Hjernen er i _____.
3 Du kan bære en sekk på _____.
4 Dette ordet betyr 'body'.
5 Du bruker _____ når du tygger.
6 Du ser med _____.
7 Armene er festet ved _____.
8 Du lukter med _____.
9 _____ er i munnen.

Down

10 Nesten alle blir _____ om vinteren.

Reading text

Helsetjenesten i Norge

Med få unntak blir alle som er bosatt i Norge dekket av folketrygden. Folketrygden skal sørge økonomisk for alle personer ved sykdom, svangerskap, arbeidsløshet, alderdom, funksjonshemninger, død og tap av forsørger. Alle skal ha samme helsetilbud, uansett kjønn, sosial status eller hvor i landet man bor.

Alle som arbeider i Norge, må betale en del av lønna si til folketrygden.

Når du går til lege, må du betale en liten egenandel. Resten betales av folketrygden, som også betaler alle utgiftene i forbindelse med sykehusopphold.

De fleste medisinene må du betale selv.

Tannlegebehandling er gratis for alle barn og ungdommer i skolepliktig alder. Andre må betale tannlegeutgiftene selv.

Vocabulary

helsetjeneste (en/ei, -r)	health service	**folketrygd (en/ei)**	national insurance
med få unntak (et, –)	with few exceptions	**sørge (-et, -et) for**	care for
dekke (-et, -et)	cover	**svangerskap (et, –)**	pregnancy

arbeidsløshet (en/ei)	unemploy- ment	**uansett**	regardless of
		kjønn (et, –)	sex
alderdom (en)	old age	**egenandel (en, -er)**	own share
funksjonshem- ming(en/ei, -er)	handicap		
		behandling (en/ei, -er)	treatment
tap (et, –)	loss		
forsørger (en, -e)	breadwinner	**skolepliktig**	of school age

Exercise 4

Riktig eller galt? (True or false?)

1 Bare de som arbeider i Norge blir dekket av folketrygden.
2 Gamle mennesker blir støttet av folketrygden.
3 De som får barn blir ikke støttet av folketrygden.
4 Du må betale litt selv når du går til lege.
5 Du må betale en liten egenandel når du ligger på sykehus.
6 Alle medisiner er gratis.
7 Bare barn og ungdommer i skolepliktig alder får gratis tannlege-behandling.

Dialogue 🔲

Farmor has arrived, and Håkon and Pamela are on their way out

FARMOR: Har dere noe hostesaft jeg kan gi ham?
HÅKON: Ja, det står noe i kjøleskapet.
FARMOR: Skal jeg gi ham noen tabletter?
HÅKON: Vi har ikke noen, men jeg skal kjøpe noen på vei hjem fra skolen.
FARMOR: Jeg leser litt for ham, så sovner han nok! Har dere en god bok jeg kan lese?
HÅKON: Nei, vi har visst ikke noen bok som han ikke allerede har lest. Men her er noen tegneserier.
FARMOR: Takk. Er det noe annet jeg kan gjøre mens dere er vekke?
HÅKON: Jeg har nettopp fylt vaskemaskinen. Vi har ikke noen reine lommetørklær. Vil du vaske dem?
FARMOR: Det skal jeg gjøre.
HÅKON: Takk skal du ha. Jeg kommer til å ringe i løpet av dagen.

Vocabulary

hostesaft (en/ei)	cough mixture	**lommetørkle (et, -klær)**	handker-chief
kjøleskap (et, –)	fridge	**tegneserie (en, -r)**	comic, strip cartoon
tablett (en, -er)	tablet		

Language points

The future

Norwegian has several ways of expressing future time:

(a) *The simple present tense* is used when the future time is clear from the context:

Jeg leser for ham når dere er gått.   I'll read for him when you've gone.

(b) **Skal** or **vil** + the *bare infinitive* of the main verb:

Jeg skal kjøpe noen tabletter.   I'll buy some tablets.

(c) **Kommer til å** + the *bare infinitive* of the main verb:

Jeg kommer til å ringe i løpet av dagen.   I'll ring some time during the day.

Noen, noe

Noen

(a) In front of (or referring to) all nouns in the plural, **noen** means 'some' or 'any' :

Her er noen tegneserier.   Here are some strip cartoons.
Vi har ikke noen reine lommetørklær igjen.   We haven't any clean handkerchiefs left.
Jeg skal kjøpe noen.   I'll buy some.

(b) In front of (or referring to) masculine and feminine countable nouns in the singular, **noen** can be used in questions and negative sentences, meaning 'any':

Vi har ikke noen god bok som han ikke har lest allerede.   We haven't any good book that he hasn't read already.

(c) When **noen** is not referring to a noun, it means 'somebody' or 'anybody':

Traff du noen?	Did you meet anybody?
Det var noen som banket på døren.	Somebody knocked on the door.

Noe

(a) In front of (or referring to) uncountable nouns, regardless of gender, **noe** denotes an unspecified amount:

Har dere noe hostesaft?	Do you have any cough mixture?
Det står noe i kjøleskapet.	There is some in the fridge.

(b) In front of (or referring to) neuter nouns in the singular, **noe** can be used in questions and negative sentences, meaning 'any':

Jeg kan ikke finne boken noe sted. I can't find the book anywhere.

(c) When **noe** is not referring to a noun, it means 'something' or 'anything':

Er det noe annet jeg kan gjøre?	Is there anything else I can do?
Jeg hørte noe.	I heard something.

Exercise 5

Translate the following sentences into English. Then cover them up and translate your own English back into Norwegian again.

1 Jeg har ringt, men det er ikke noen hjemme.
2 Vi har ikke noe grovbrød.
3 Jeg har ikke noe imot at du røyker.
4 Først var vi noen dager på Voss.
5 Er det noe særlig å se i Trondheim?
6 Jeg hørte noe nede.
7 Så du noen?
8 Noen av togene stopper på Finse.
9 Jeg tør ikke si noe til ham.
10 Jeg har noen penger her.

Dialogue 🔘

Pamela is back home

PAMELA: Nå, hvordan går det? Har du fortsatt veldig vondt i halsen?
ANDERS: Ja, jeg kan nesten ikke svelge.
PAMELA: Det er synd på deg at du må ligge der i det nydelige været.
ANDERS: Men jeg er bedre nå enn i morges.
PAMELA: Det var da godt!
ANDERS: Jeg håper ikke jeg er syk lenge.
PAMELA: Nei, du blir snart frisk igjen. Jeg tror Marit er blitt forkjølet også.

Vocabulary

svelge (-et, -et) swallow   **bli (ble, blitt) forkjølet** catch a cold

Language in use
Words for how you feel

Jeg er frisk.	I am fit and well.
Jeg er syk.	I am ill.
Jeg er bedre.	I am better.
Jeg føler meg ikke så bra.	I don't feel very well.
Jeg har vondt i ryggen.	My back hurts.

Expressing sympathy

Gjør det (veldig) vondt?	Does it hurt (much)?
Det der synd at ...	It's a pity that ...
Jeg er lei for at ...	I am sorry that ...
Det var da godt!	That's good!
Det var godt å høre ...	I'm glad to hear that ...
God bedring!	Get well soon!

Note the position with **ikke** in connection with **håpe**:

Jeg håper at du snart blir frisk.	I hope you'll soon be well.
Jeg håper ikke jeg må være syk lenge.	I hope that I shan't be ill for long.

Exercise 6

Translate:

1 I hope you feel better today.
2 I hope it is not too late.
3 I hope the door isn't locked.
4 I hope you'll soon be fit and well again.
5 I hope it doesn't hurt.
6 I hope he's not running a temperature.
7 I hope she is not seriously ill.

Reading text

Spør legen!

Jeg er 56 år, og jeg er veldig tykk. Hele min mors familie veier også for mye, så det er sikkert arvelig. Vekten min gikk spesielt mye opp da min mann reiste fra meg. Det var slik et sjokk. Vi hadde vært gift i nesten tretti år.

Hva skal jeg gjøre? Du må ikke si at jeg skal begynne med diett, for det har jeg gjort hele mitt liv.

Er det noen tabletter jeg kan ta?

Tykk

Jeg har en føflekk på haken, og det sjenerer meg veldig. For det første så ser det stygt ut, og for det andre så gjør det vondt når jeg barberer meg. Jeg er atten år gammel, og jeg har nettopp truffet en søt jente.

Vennene mine sier at det kan koste mange tusen kroner å få den fjernet, fordi slike operasjoner er kosmetiske.

Hva koster det å få en føflekk opereret vekk – og hvem kan gjøre det?

Den fattige

Min mann døde for femten år siden av leukemi. På det siste var han veldig blek og trøtt, og hadde for høyt blodtrykk.

Nå er min sønns blodtrykk også blitt for høyt, og han er blek og stresset. Han er 50 år, har et krevende arbeid og får for lite mosjon. Min svigerdatter og barna begynner å bli redde for helsa hans.

Er leukemi arvelig?

En gammel dame

Vår datter på tre år går i barnehage. Et av de andre barna i barnehagen har nettopp hatt kikhoste, og nå er han kommet tilbake igjen, men han har fremdeles lange hosteanfall. Jeg har selv hørt dem.

Min kone og jeg har diskutert om et barn med kikhoste har lov til å gå i barnehage. Barn med andre sykdommer må jo være hjemme. Kan ikke barn med kikhoste smitte andre barn?

Redd

Vocabulary

veie (-de, -d)	weigh	**krevende**	stressful, demanding
sikkert	probably		
vekt (en/ei)	weight	**helse (en/ei)**	health
diett (en, -er)	diet	**fattig**	poor
føflekk (en, -er)	mole	**redd for**	afraid of
stygg	ugly	**kikhoste (en)**	whooping cough
gjøre (gjør, gjorde, gjort) vondt	hurt	**hosteanfall (et, –)**	fit of coughing
barbere (-te, -t) seg	shave	**har lov til**	is allowed to
fjerne (-et, -et)	remove	**sykdom (en, -mer)**	illness
blek	pale	**smitte (-et, -et)**	infect
blodtrykk (et)	blood pressure		

Exercise 7

Having read the letters above, answer the following questions:

1 Hvem av de fire er en mann?
2 Hvem er gift?
3 Hvem er skilt?
4 Hvem har barn?
5 Hvem er bekymret for et familiemedlem?
6 Sett de fire i rekkefølge etter hvor gamle de er.

16 Utseende

Appearance

In this lesson you will learn about:

- Appearance and clothes
- More time expressions
- 'All', 'whole', 'both' and 'himself/herself/itself'
- Paying compliments
- Some special adverbs: **vel, jo, da, nok, nå**
- Sentence adverbs

Dialogue 🔲

It is late afternoon. Pamela comes back from work. Håkon is already at home

HÅKON: Du skulle ha sett Anders og Marit for fem minutter siden! De så forferdelige ut!

PAMELA: Hvordan? Hva mener du?

HÅKON: De hadde kledt seg ut. De hadde begge to tatt på seg noen av våre klær. Anders hadde noen av mine sommerklær på seg: kortbukser, t-skjorte, sokker og solhatt!

PAMELA: Og Marit hadde mine klær på seg?

HÅKON: Ja. Hun hadde tatt alle selskapsklærne dine på seg: det lange skjørtet, den utringete blusen og de høyhælte skoene. Hun kunne nesten ikke gå! Og så hadde hun malt seg med leppestift over hele ansiktet!

PAMELA: Hvor er de nå?

HÅKON: Inne på Anders' rom. De holder på å ta alt av igjen. Jeg sa at de ikke fikk mat før de hadde skiftet.

PAMELA: Når spiser vi?

HÅKON: Om ti minutter. Potetene koker snart.
PAMELA: Du kan ikke koke poteter på ti minutter!

Vocabulary

forferdelig	awful	**utringet**	low-(necked)
kle (-dde, dd)	dress up	**bluse (en, -r)**	blouse
seg ut		**høyhælt**	high-heeled
bukse (en/ei, -r)	trousers	**leppestift**	lipstick
sokk (en, -er)	sock	**(en, -er)**	
hatt (en, -er)	hat	**koke (-te, -t)**	boil
selskap (et, –/-er)	party	**snart**	in a moment

Language in use

Talking about appearance

Hun ser trist ut.	She looks sad.
De ser glade ut.	They look happy.
Hvordan ser han ut?	What does he look like?
Hva har han på seg?	What is he wearing?
Marit tar et langt skjørt på seg.	Marit puts a long skirt on.
Marit har et langt skjørt på seg.	Marit has a long skirt on.
Marit tar skjørtet av seg.	Marit takes the skirt off.
Anders går med dongeribukser.	Anders (normally) wears jeans.
å kle på seg	to dress
å kle seg ut	to dress up
å kle av seg	to undress
å skifte/bytte klær	to change clothes
å prøve en kjole	to try a dress on

Exercise 1

Which articles of clothing are to be used where?

sko	**sokker**	**jakke**	**dongeribukse**
bukse	**støvler**	**sløyfe**	**skjorte**
lue	**truse**	**tresko**	**strømpebukse**

hatt	**bluse**	**slips**	**skjørt**
skjerf	**sandaler**	**strømper**	**underbukse**
genser	**hansker**	**hette**	**brystholder**

1 På beina eller føttene?
2 På hodet eller halsen?
3 På hendene?
4 På underkroppen?
5 På overkroppen?

Language in use

More expressions of time

'Ago', counting back in time from now is **for – siden**:

Du skulle sett barna for fem You should have seen the
   minutter siden. children five minutes ago!

'In' can be rendered in several ways:

(a) counting forwards from now – **om**:

Vi spiser om ti minutter. We'll be eating in ten minutes.

(b) pointing back to a specific time – **i**:

Køpte du ikke det lange Didn't you buy the long skirt
   skjørtet i 1988? in 1988?

(c) indicating the time within which something is done – **på**:

Du kan ikke koke poteter You can't boil potatoes
   på ti minutter! in ten minutes!

(d) when something happens regularly at these times: in the summer/winter/autumn/spring/evening/night/morning/day, etc.
   – **om**:

Om sommeren reiser vi til In the summer we travel to
   Norge. Norway.
Vi spiser middag om kvelden. We have dinner in the evening.

'For', for a period of time, in the past or in the future – **i**:

Håkon har hatt sandalene i Håkon has had the sandals
   mange år. for many years.
Jeg skal arbeide i en time når I'll have to work for an hour
   jeg har spist. when we have eaten.

'Since', used with a specific date or event – **siden**:

Jeg har ikke brukt skjørtet   I haven't worn the skirt since
siden Marit ble født.   Marit was born.

'On', when pointing to a specific day, in the past or in the future –
på:

De kommer på søndag.   They'll be coming on Sunday.

Dialogue

It is late Saturday afternoon. Håkon pops his head into the kitchen

HÅKON: For et rent kjøkken! Så flittig du er! Nå har du strevet på
          her ute hele ettermiddagen!
PAMELA: Ja, men nå er alle skuffene vasket, og jeg har ryddet opp
          i begge skapene.
HÅKON: Jeg syntes jeg hørte du ropte høyt for et øyeblikk siden?
PAMELA: Jeg mistet sukkerskålen på gulvet, og alt sukkeret rant ut.
HÅKON: Selve skålen gikk ikke i stykker, vel?
PAMELA: Nei, den holdt heldigvis.

Vocabulary

flittig	hard-working	**gå (gikk,**	go to pieces,
streve (-de/	slave away	**gått)**	break
-et, -d/-et)		**i stykker**	

Language points

Hel, selv, all/alt, alle, begge

These adjectives are all different from the adjectives we have dealt
with up to now. When they are used with a noun in the definite
form, they are not preceded by the definite article, as other adjec-
tives would be. (See Lesson 7.)

Hel/helt/hele, meaning 'all' or 'the whole', is only used with count-
able nouns:

Du har vært på kjøkkenet i   You have been in the kitchen
hele ettermiddag.   all (the whole) afternoon.

en hel dag a whole day   **hele dagen** all day
et helt eple a whole apple   **hele eplet** all the apple
en hel ettermiddag a whole   **hele ettermiddagen**
  afternoon   all afternoon

Note: in prepositional phrases starting with **i**, the noun is in the indefinite form:

i hele sommer   for the whole summer
i hele dag   for the whole day

Selv and **selve** are adjectival forms for 'himself', 'herself', 'itself'. When the form **selve** is used, it precedes the noun:

Selve skålen gikk ikke i   The bowl itself didn't break.
  stykker.

Selv after the noun gives the same meaning:

Skålen selv gikk i stykker.

Note: if the form **selv** precedes the noun, it means 'even'!

Selv skålen gikk i stykker.   Even the bowl broke.

All/alt, meaning 'all', is used with uncountable nouns. The noun can appear in the indefinite as well as the definite form:

All melk inneholder kalk.   All milk contains calcium.
Vi drakk all melken.   We drank all the milk.
Hun gjorde alt arbeidet.   She did all the work.

Alle, also meaning 'all', is used with countables about three or more:

Jeg har vasket alle skuffene.   I have washed all the drawers.

Note: **alt** and **alle** can stand on their own if the noun they refer to is clear from the context:

Vi spiste alt.   We ate everything.
Jeg har vasket alle (skuffene).   I have washed all (the drawers).

Begge (uninflected) is used of two countables:

Jeg har ryddet opp i begge   I have tidied up in both
  skapene.   the cupboards.

Note 1: **begge** can stand on its own when the noun is clear from the context:

Jeg har ryddet opp i begge.

Note 2: 'both – and' translates into **både – og**.

Både sukkerskålen og   Both the sugar bowl and the
fløtemuggen gikk i stykker.   cream jug were broken.

Language in use

Paying compliments

If you want to pay a compliment, this is the way to do it:

For en fin bluse du har!
For noen nydelige bukser du har!
Så nydelig bluse du har!
Så fine bukser du har!

Exercise 2

Using both ways of paying a compliment, tell somebody:

1 that he/she has a lovely house
2 that he/she has got beautiful eyes

Reading text

Sjefen min

Sjefen min ser veldig sjusket ut. Buksene hans er aldri presset, og skjortene aldri strøket. Han har langt, fett hår, og så går han med ringer i ørene! Men på den andre siden er han dyktig, alltid i godt humør og veldig hyggelig, så jeg liker ham ganske godt. Han tar det ikke så høytidelig hvis vi kommer litt for sent om morgenen, for han er ofte for sen selv. Jeg skulle bare ønske han kunne finne seg en kone som kunne få ham til å se litt penere ut.

Morten

Sjefen min er en herlig gammel gubbe. Han er som en far for oss alle sammen. Men han er av den gamle skolen og forventer at vi 'damer' er korrekte og arbeider effektivt. Det går ikke an å gå ut på WC og røyke hvert kvarter! Vi kan alltid gå inn på kontoret hans og snakke med ham hvis vi har problemer, og det skjer ofte at han sender en av oss ned etter kaker til ettermiddagskaffen. Dessverre går han av til høsten. Vi kommer til å savne ham.

Marianne

Jeg liker sjefen min. Hun er dyktig, hun er rask, hun har alltid mye å gjøre, og det er orden på kontoret. Men hun forlanger også at vi skal være effektive og se pene ut. Hun ser også når vi har nye klær. 'For en fin drakt du har fått', sa hun til meg. 'Den kler deg!' Slike bemerkninger varmer. Det er merkelig at slik en effektiv dame ikke kjører bil selv – men det gjør hun ikke. Hun blir hentet hver dag av mannen sin i den lyseblå sportsbilen deres.

Kjersti

Jeg ser nesten aldri sjefen min, men så foretrekker jeg også kontoret uten ham. Jeg kan ikke fordra ham. Når han av og til viser seg, ser han sur og utilnærmelig ut. Og han henvender seg til oss bare når han gir ordrer. 'Kaffe!' roper han, og så må vi skynde oss å sette kaffe inn på skrivebordet hans. Jeg hater å bli behandlet på den måten. – Kontoret hans lukter forferdelig av røyk og whisky! Han er liten, tykk og skallet. Jeg kan godt forstå at konen hans reiste fra ham for mange år siden.

Bente

Vocabulary

sjusket	slipshod	**an å gå**	going
fett	greasy	**gå av**	retire
på den andre siden	on the other hand	**forlange (-te, -t)**	demand
i godt humør (et)	in a good mood	**se pen ut**	look smart
		drakt (en, -er)	dress
hyggelig	nice	**den kler deg**	it suits you
høytidelig	serious/ seriously	**merkelig**	strange
		utilnærmelig	unapproach-able
komme (kom, kommet) for sent	be late	**henvende (-te, -t)**	address
		behandle (-et, -et)	treat
herlig	splendid	**på den måten (en, -r)**	in that way
gubbe (en, -r)	chap	**lukte (-et, -et)**	smell
forvente (-et, -et)	expect	**skallet**	bald
det går ikke	there is no		

Exercise 3

Answer these questions relating to the text above:

1 Hvem har en ugift sjef?
2 Hvem har en sjef som er gift?
3 Hvem har en kvinnelig sjef?
4 Hvem har en uhøflig sjef?
5 Hvem liker sjefen sin?
6 Hvem har en sjef som røyker?
7 Hvem har en sjef som snart skal pensjoneres?
8 Hvem har en sjef som ikke har førerkort?

Exercise 4

Write down sentences about your personal taste, combining expressions from the three columns.

		en liten whisky om kvelden
		kvinnelige sjefer
	liker	menn med slips
	liker ikke	tykke damer
	kan ikke fordra	tynne damer
Jeg	elsker	lårkorte kjoler
	hater	mus
	jeg har ikke noe imot	menn med skjegg
	foretrekker ... framfor	små barn
	(*prefer ... to*)	et kompliment
		lilla hår
		blomstrete slips
		stripete slips
		mannlige sykepleiere

Language points

Some special sentence adverbs: *vel, jo, da, nok, nå*

These adverbs are used very frequently in Norwegian. They are sentence modifiers and usually difficult to translate. They will express feelings like irritation, doubt, impatience, reserve or uncertainty. The following examples will give you a clue:

Du kommer vel til selskapet?	You will come to the party, won't you?
Han er vel nærmere 100 år nå.	He is close to 100 years old now, I suppose.
Du sa jo at vi kunne spille de CD-ene.	You did say that we could play those CDs, you know.
Du må da forstå det!	You really must understand that, after all.
Vent på meg da.	Wait for me, please.
Skynd deg da!	Hurry up then!
Han forstår nok hva det betyr.	He presumably understands what it means.
Jeg vil nå ikke si det.	I wouldn't say that, exactly.

The position of sentence adverbs

It is impossible to mention the full range of sentence adverbs, but here are some of the most common ones, in addition to those mentioned above:

ikke, bare, også, aldri, alltid, ofte, allikevel ('nevertheless'), **sikkert, kanskje.**

In the pattern they belong in the column under *a* like **ikke**, unlike the adverbials under *A,* which are the adverbs of manner, place and time. Most of them are fairly short and rather abstract in meaning.

Bente liker ikke sjefen.
Han gir bare ordrer.
Mortens sjef finner nok en kone en dag.
Kjerstis sjef har alltid mye å gjøre.
Mariannes sjef går dessverre av til høsten.

Note: adverbs don't always come alone. It is possible to find several together:

Bente ser nesten aldri sjefen.

F	v	n	a	V	N	A
Bente	ser	—	nesten aldri	—	sjefen	—

Exercise 5

Make new sentences derived from the examples in the last section, introducing them with:

Jeg har hørt at ...

Remember to change the word order to suit subordinate clauses.

17 Fritiden

Spare time

In this lesson you will learn about:

- **Hvem, hva, hvilken** (the interrogatives 'who', 'what', 'which')
- The past passive ('was seen')
- The translation of 'when'
- Making opposites with **u-**
- The use of hyphens
- The translation of 'know'
- The translation of 'time'
- Words for leisure activities

Dialogue 🔲

Pamela and Håkon are in the sitting room

PAMELA: Hei! Hva er det for en lyd?

HÅKON: Det er Anders og en kamerat som spiller plater.

PAMELA: Hvem sine plater er det de spiller?

HÅKON: Det er noen gamle Beatles-plater. Jeg lånte dem til ham.

PAMELA: Hvilken hylle tok du dem fra? Den øverste eller den nederste?

HÅKON: Den øverste.

PAMELA: Men barna må ikke få låne de platene!

HÅKON: Hvem kunne vel vite det?

PAMELA: Hvem er det Anders har med seg?

HÅKON: Jeg vet ikke helt hvem det er som er der inne. Lars-Erik, tror jeg.

PAMELA: Da må vi holde et øye med hva de gjør!

Vocabulary

kamerat (en, -er) friend   **holde (holdt,**   keep an eye on
plate (en/ei, -r) record   **holdt) et øye**
                                      med

Note that Norwegian only has one word – **låne** – for 'to borrow' and
'to lend'.

Language points

The interrogative pronouns hvem, hva, hvilken

Interrogatives: *What* is that?
                 Whose room is this?
                 Whom did you speak to?

Hvem means both 'who' and 'whom':

Hvem kunne vel vite det?	Who could know that?
Hvem er det Anders har med seg?	Who is it Anders has with him?

Note: there is no single word for 'whose' in Norwegian. Instead we
must use expressions with **hvem**: **hvem sin/si/sitt/sine ...?** or **hvem
eier ...?**

Hvem sine plater er det de spiller?	Whose records are they are playing?
Hvem eier platene de spiller?	Who owns the records they are playing?

Hva means 'what':

Hva er det?	What is that?

Hvilken/hvilket/hvilke means 'which':

Hvilken hylle tok du dem fra?	Which shelf did you take them from?
Hvilket skap tok du dem fra?	Which cupboard did you take them from?
Hvilke plater er det de spiller?	Which records are they playing?

In everyday speech the following expressions are often used instead of **hvilken/hvilket/hvilke**:

Hva for en hylle?	**Hvilken hylle?**
Hva for et skap?	**Hvilket skap?**
Hva for noen plater?	**Hvilke plater?**

Note that if **hvem** and **hva** appear as linking words in subordinate clauses, **som** must be added if they are the subject of the clause:

Jeg vet ikke helt hvem som er der inne.	I don't really know who is in there.

If they are the object, nothing is added:

Da må vi holde øye med hva de gjør!	Then we must keep an eye on what they are doing.

Exercise 1

Can you answer the questions? (Have you lately ...?)

Har du nylig ...?	Hvis ja
sett TV?	Hva så du?
vært på kino eller i teater?	Hva så du? Når?
læst en bok eller en artikkel?	Hva handlet den om?
kjøpt CD eller video?	Hva kjøpte du? Hvor?
kjøpt klær?	Hva kjøpte du?
	Hvordan ser de ut?
vært til lege?	Hvorfor?
spist ute på restaurant?	Hvor var det?
	Hva spiste du?
hatt venner på besøk?	Hvem inviterte du? Hvorfor?
skrevet et brev?	Hvem skrev du til?
gjort noe annet spennende?	Hva gjorde du?

Exercise 2

Rewrite these questions using **hvem, hva, hvilken, hvilket** and **hvilke**:

Example:	**Er det din mor som går der? din tante?**
	Hvem er det som går der?

1 Har du invitert vennene dine? familien din?
2 Skal jeg snakke med legen? en sykepleier?
3 Har du kjøpt den røde kjolen? den blå?
4 Sa han god dag? god morgen? god kveld?
5 Er det Anders' strømper? Marits?
6 Skal jeg ringe nummer 86 81 10? 86 81 11?
7 Skal jeg sende pakken til Pamela? til Håkon?
8 Er det en politibil vi kan høre? en ambulanse?

Dialogue 🔲

Pamela and Håkon are a bit on edge

PAMELA: Fy, så skitten bilen er!
HÅKON: Å? Den ble jo vasket i går.
PAMELA: Det kan da ikke være riktig. Den var ikke vasket da jeg var ute i garasjen klokken 8.
HÅKON: Du tror vel ikke jeg lyver? Når jeg sier noe, så mener jeg det!
PAMELA: Unnskyld! Ta det rolig! Jeg vil bare vaske den igjen i kveld. Den skal i hvert fall være renere når jeg skal bruke den i morgen!

Language points

The past passive

The past passive: The car *was washed.*

In Lesson 13 we dealt with the three forms of the *present passive.* Although in theory there are also three corresponding *past passives,* the s-form is very rare and can only be constructed with a few verbs.

If wanted, the *s-passive* is made up of the *past tense* + s or es:

Et skrik hørtes.   A scream was heard.

The **bli**-passive is made up of the *past tense* of **bli** + a *past participle.* This form is used when an action is being described:

Bilen ble vasket i går.   The car was washed yesterday.
                                     (Somebody washed it.)

The **være**-passive is made up of the past tense of **være** + a *past participle*. This form is used when the result of an action is being described.

Bilen var ikke vasket da jeg var ute i garasjen klokken 8.
The car was not washed when I was out in the garage at 8 o'clock.

And just one more example, showing action and result of action:

Tyven ble fanget i går.   The thief was caught yesterday.
Da han endelig var fanget,   When he was finally caught,
kunne vi føle oss sikre.   we could feel safe.

Exercise 3

Translate 'was'/'were' into **ble** or **var**.

1 The seats were taken when we came.
2 They were stopped by a police car.
3 The door was locked all night.
4 It was locked by me at 7 o'clock.
5 Suddenly a car came flying round the corner and he was run down.
6 America was discovered by Columbus.
7 Norway was occupied from 1940 to 1945.
8 Marit was born in 1989.

Note: in the translation of 'to be born', Norwegian distinguishes between living and dead people:

Marit er født or **ble født i 1988.**
but: **Ibsen var født** or **ble født i 1828.**

Exercise 4

Translate these sentences into English. Then cover up the original and translate your own English sentences back into Norwegian.

En fotballkamp.

1 Tilskuerne ble vist inn.
2 Spillerne og dommeren løp ut på banen.
3 De to lagene trakk lodd.
4 Kampen begynte.

5 Lillestrøms tre første mål ble scoret i første omgang.
6 Ole Bakke ble skiftet ut like før pausen.
7 I andre omgang ble Petter Olsen sparket i magen av Hans Nes.
8 Legen ble tilkalt.
9 Hans Nes ble utvist.
10 Kampen ble vunnet av Lillestrøm, fire–null.

Vocabulary

tilskuer (en, -e)	spectator	**omgang (en, -er)**	half
vise (-te, -t)	show	**skifte (-et, -et) ut**	substitute
dommer (en, -e)	referee	**sparke (-et, -et)**	kick
bane (en, -r)	field	**mage (en, -r)**	stomach
lag (et, –)	team	**tilkalle (-kalte, -kalt)**	call in
trekke (trakk, trukket) lodd	draw lots	**utvise (-te, -t)**	send off
kamp (en, -er)	match	**vinne (vant, vunnet)**	win
mål (et, –)	goal		

Reading text

Smil!

Den 4 år gamle gutten hadde vært med i kirken for å se naboens datter gifte seg. Senere gikk han hjem til en venn for å leke.

'Nå, hvordan gikk det i kirken?' spurte vennens mor ham. 'Var det gøy å se på?'

'Ja,' svarte gutten. 'Men damen kunne ikke bestemme seg for hva hun ville. Hun kom inn i kirken med én mann, og ble gift med en annen!'

Language points

The translation of 'when'

There are two different translations of 'when', and it is essential that you can distinguish between them!

Da is used for a single event in the past:

Bilen var ikke vasket da jeg var ute i garasjen klokken 8.

Når is used:

(a) for a single event in the future:

Bilen skal være ren når jeg skal bruke den i morgen.

(b) when 'when' means 'whenever':

Når jeg sier noe, så mener jeg det.
Når morfar kom hjem, var   When grandfather came home,
han alltid full.   he was always drunk.

Exercise 5

Complete the sentences with **da** or **når**.

1 _____Pamela kommer hjem, lager hun mat.
2 Tilskuerne klappet _____ Lillestrøm fikk det tredje målet.
3 Legen ble tilkalt _____ en av spillerne ble sparket i magen.
4 Håkons mor pleier å passe barna _____ de er syke.
5 Du må komme _____ jeg roper!
6 Jeg var i Spania _____ Franco døde.
7 Jeg kjøper en billett _____ turister kan være med til månen!
8 Anders vil bli brannmann _____ han bli stor.

Reading text

Norge som ferieland

Norge er et utrolig mangfoldig land. Det er umulig å bli kjent med landet ved å besøke det bare en gang. Du må gi deg god tid, besøke de forskjellige delene av landet, og helst komme en tur om vinteren også.

Alle vet at Norge har mye flott natur å by på: høye fjell, trange daler og dype fjorder på Vestlandet, koselige småbyer, viker og skjær på Sørlandet og fargerike fiskevær mellom dramatiske fjelltopper i Lofoten. Nord-Norge er jo 'Midnattsolens Land': Forestill deg at du for eksempel sitter ved en fortauskafé i Tromsø med en kald øl i strålende solskinn – ved midnatt!

Har du mye energi, kan du gjøre som de innfødte: gå på tur i fjellet. Kanskje du vil til topps på Galdhøpiggen, Norges høyeste fjell? Eller hva med å suse nedover slalåm-løypene fra vinter-olympiaden 1994 på Lillehammer?

Norsk kultur er like variert som naturen og strekker seg tilbake til de forhistoriske helleristningene. Vikingskipene og stavkirkene fra middelalderen er fantastiske eksempler på hva som kunne bygges i tre, og på folkemuseene er hele middelaldergårder med fullt utstyr bevart!

Ved siden av dette finnes det kunstgallerier og museer av nesten alle slag: bl.a. fiskeri-, sjøfarts-, vannkraft-, teknologi- og industrimuseer.

Er du ikke interessert i verken naturopplevelser eller historie, vil du likevel finne nok å ta deg til. Du kan se malerier av Edvard Munch, reise på jazz-festival i Molde eller til Festspillene i Bergen, og du kunne se hvor mye du forstår av et Ibsen-skuespill framført på norsk!

Note: verb + subject construction as shown below is sometimes used instead of a conditional clause with **hvis** (Cf: *Had I known* him I wouldn't have married him.)

Har du mye energi, kan du gjøre som de innfødte.
Hvis du har mye energi, kan du gjøre som de innfødte.

Vocabulary

mangfoldig	varied	**forhistorisk**	prehistoric
by (bød, bydd) på	offer	**helleristning**	rock
trang	narrow	**(en/ei, -er)**	carving
dal (en, -er)	valley	**stavkirke**	stave
vik (en/ei, -er)	inlet	**(en/ei, -r)**	church
skjær (et, –)	reef, skerry	**middelalder (en)**	Middle
fiskevær (et, –)	fishing		Ages
	station	**bevare (-te, -t)**	preserve
forestille (-te, -t)	imagine	**sjøfart (en)**	shipping
seg		**vannkraft (en/ei)**	hydro-
innfødt (en, -e)	native		electric
suse (-te, -t)	race along,		power
	flash	**opplevelse (en, -r)**	experience
strekke (strakk,	reach	**ta (tok, tatt) seg til**	do
strukket)			

Language points

Making opposites with u-

The prefix **u-** forms opposites and means the same as 'dis-', 'un-', 'in-' and 'im-':

trolig	believable	**utrolig**	unbelievable
mulig	possible	**umulig**	impossible
ærlig	honest	**uærlig**	dishonest
avhengig	dependent	**uavhengig**	independent

The use of hyphens

When two or more compound words have the last part of the compounds in common, a hyphen can represent the common part in all but the last compound word:

fiskeri-, sjøfarts-, vannkraft-, industri- og teknologimuseer

The translation of 'know'

There are three different translations of 'know':

Kjenne
(a) **Kjenne** means 'be acquainted with':

Kjenner du ham?   Do you know him?

(b) **Bli kjent med** means 'get to know' someone or something:

Det er umulig å bli kjent med landet ved å besøke det bare en gang.

(c) **Kjenne til** means 'know (of)' or 'be aware of':

Jeg kjenner til den saken.   I know (of) that case.

Note: **kjenne** can also mean 'feel':

Jeg kjenner meg bedre nå.   I feel better now.

Vite
Vite means 'have knowledge about':

Alle vet at Norge har mye flott natur å by på.

Kunne

Kunne means 'know':

Kan du leksene dine?	Do you know your homework?
Kan du russisk?	Do you know Russian?

The translation of 'time'

'Time' can be translated in two different ways:

Tid

(a) **Tid** is usually an uncountable noun:

Du må gi deg god tid.	You must give yourself plenty of time.

(b) **Tid** can be a countable noun, meaning 'period in history':

Det var dårlige tider på 1930-tallet.	Times were hard in the 1930s.

Gang

Gang is a countable noun:

Du må besøke Norge mer enn en gang.	You must visit Norway more than once.
Du må besøke Norge flere ganger.	You must visit Norway several times.

Note: **time** means 'hour':

Det er 24 timer i døgnet.

Exercise 6

Fritidsaktiviteter: On average a Norwegian is reckoned to have around 5 hours of free time every day. An average person may spend them like this:

Hjemme		Ute	
leser avis	20 min	dyrker idrett og friluftsliv	28 min
leser andre ting	22 min	går på tur	15 min
dyrker hobby	15 min	besøker andre	37 min

Hjemme		Ute	
får besøk	19 min	går på møter	7 min
ser TV eller video	49 min	går på restaurant eller kafé	5 min
hører musikk	4 min	reiser	23 min
hører radio	5 min	i foreninger	3 min
er sammen med familien	20 min	annet	8 min
slapper av	22 min		
annet	7 min		
I alt	3 timer 5 min		2 timer 6 min

How much free time do you reckon you have got on average, and how do you spend it? Talk to yourself about it – like this:

Jeg leser vel avisen i cirka 20 minutter om dagen.

Make an effort to mention your own hobbies! **Svømmer du? Spiller du sjakk? Strikker du? Arbeider du i hagen?**

18 Litt norsk historie

Some Norwegian history

In this lesson you will learn about:

- Non-passive verbs ending in **-s**
- Strong language
- The reflexive pronoun **sin/si/sitt/sine**

Reading text

Naboer over Nordsjøen

Nå i det tjuende århundre er Norge og Storbritannia gode naboer og venner. Men det har ikke alltid vært slik.

I 793 e.Kr. kom det første viking-angrepet mot Lindisfarne kloster i Nord-England. Dette grusomme angrepet hadde som mål å rane til seg så mange rikdommer som mulig.

Utover på 800-tallet konsentrerte de norske vikingene seg om å vinne makt, gods og gull på øyene i nord: Færøyene, Orknøyene, Shetland og Man, og også i Nord-Skottland og Irland. Flåtene med vikingskip pyntet med fryktelige drakehoder må ha vært et skrekkelig syn når de kom seilende inn fra havet, og britene bad til Gud at han måtte verne dem fra disse grusomme nordmennene.

Vikingene ble kjent med kristendommen på toktene sine i Storbritannia, og i 1030 ble den godtatt som offisiell religion i Norge. Odin og Tor måtte vike til side. Dette markerer også slutten på vikingtoktene.

Nordmennene gav seg likevel ikke ennå. I 1066 var det flere som gjorde krav på den britiske tronen, og en av disse var Harald Hardråde, konge av Norge. Han gikk til angrep på det engelske kongsemnet, Harald Godwinsson, men ble drept i slaget ved Stamford Bro ved York. Harald Godwinsson ble som kjent litt senere slått av Vilhelm Erobreren.

Bare en gang senere har Norge og Storbritannia vært på hver sin side i krig, og det var under Napoleonskrigene på begynnelsen av attenhundretallet. Norge var i union med Danmark på den tiden, og nordmennene kunne ikke bestemme selv hvilken side de ville være på. Krigen med Storbritannia ble en katastrofe for Norge. Storbritannia hadde vært Norges viktigste handelspartner. Denne handelen ble det nå slutt på. Britene blokkerte også all annen handel til og fra Norge, noe som førte til stor nød og elendighet. Mange fortvilte nordmenn prøvde å trenge gjennom blokaden, men ble plukket opp av britiske krigsskip og sendt i fengsel i England, slik Henrik Ibsen forteller i diktet 'Terje Vigen'.

Siden den gangen har det vært fred og vennskap mellom Norge og Storbritannia. Vi er blitt gode naboer over Nordsjøen.

Vocabulary

angrep (et, –)	attack	**vike (vek, veket)**	step aside
kloster (et, –/klostre)	monastery	**til side**	
		gi (gav, gitt) seg	give up
mål (et, –)	aim	**krav (et, –)**	claim
rane (-te/et, -t/-et)	rob	**kongsemne (et, -r)**	pretender
makt (en/ei)	power	**Vilhelm**	William the
gods og gull	riches	**Erobreren**	Conqueror
(*as a set phrase*)		**slag (et, –)**	battle
		krig (en, -er)	war
flåte (en, -r)	fleet	**nød (en/ei)**	destitution
pynte (-et, -et)	decorate	**elendighet (en/ei)**	misery
fryktelig	terrible		
drake (en, -r)	dragon	**fortvilet**	despairing,
skrekkelig	dreadful		desperate
verne (-et, -et)	protect		
tokt (en/ei, -er)	attack, raid		

Exercise 1

Consulting the text above, identify and correct the grammatical mistakes in the following sentences. There is one mistake in each.

1 Norge og Storbritannia er gode venner nå i den tjuende århundre.
2 De norsk vikingene konsentrerte seg om øyene i nord.
3 I 793 e.Kr. det første viking-angrepet kom mot Lindisfarne.
4 Britene bad til Gud at måtte han verne dem fra de grusomme nordmennene.
5 Odin og Tor måtte veket til side.
6 Nordmennene likevel gav seg ikke ennå.
7 Bare en gang senere har Norge og Storbritannia var på hver sin side i krig.
8 Nordmennene kunne ikke bestemme selv hvilken side dem ville være på.
9 Mye fortvilte nordmenn forsøkte å trenge gjennom blokaden.
10 Vi er blitt gode nabo over Nordsjøen.

Dialogue 🎧

Anders is teasing his friend Fredrik

ANDERS: Hege synes du er så pen!
FREDRIK: Å?
ANDERS: Hun sier dere skal gifte dere!
FREDRIK: Hold munn!
ANDERS: Hun har selv fortalt meg at du skal gifte deg med henne når hun blir stor!
FREDRIK: For noe tull!
ANDERS: Hun sier dere er kjærester!
FREDRIK: Hold kjeft, sier jeg!
ANDERS: Ti stille! Mor sier du må gå hjem hvis vi begynner å krangle eller slåss.

Vocabulary

gifte (-et, -et)	get married	**hold kjeft**	shut up
seg		**kjæreste**	girlfriend/
tull (et)	nonsense	**(en, -r)**	boyfriend

Language points

Some non-passive verbs ending in -s

The very widely used verb **synes** (see Lesson 15) can only appear ending in **-s**, but in spite of its passive form, it has an active meaning. The **-s** is added to the past as well as to the present tense:

Hege synes du er så pen.	Hege thinks you are so good-looking.
Jeg syntes han så trøtt ut i går.	I thought he looked tired yesterday.

Similar words are:

lykkes (lyktes):	**Jeg lyktes i å finne boken.**	I succeeded in finding the book.
trives (trivdes):	**Han trives ikke i Norge.**	He is not happy in Norway.
finnes (fantes):	**UFO-er finnes ikke.**	UFOs do not exist.
kjennes (kjentes):	**Det kjennes kaldt ut.**	It feels cold.
høres (hørtes):	**Det høres bra ut.**	That sounds good.

An **-s** can also be added to a few verbs to indicate reciprocity, where English just uses an active form, for instance:

Vi ses.	We'll see each other.
De møtes/treffes ofte.	They often see each other.
De to familiene omgås ikke.	The two families don't mix.
Du må gå hjem hvis vi begynner å slåss.	You must go home if we start fighting.

Language in use

Disagreeing and strong language

Without wanting to moralize, we must point out that it is very difficult to swear correctly in a foreign language, and that if you get it wrong you may well just sound foolish.

On the other hand, it might be useful for you to know the value of some of the Norwegian words and phrases found in disagreeing and swearing. In the following, expressions marked * are considered vulgar or rather strong, while the rest are neutral or fairly harmless.

Jeg er enig med deg.	I agree.
Jeg er uenig med deg.	I disagree.
Hold opp!	Stop it!
Ti stille!	Be quiet!
La være!	Don't!
Hold munn!/ *Hold kjeft!	Shut up!
For noe tull/tøys!	What nonsense!

When something bad unexpectedly happens, you might hear:

Skitt!	(Roughly: Damn!)
Uff!/Uff da!	(Roughly: Oh dear!)
Jøss!	(Roughly: Good Heavens!)

Jøss is also used if you are positively surprised.

Despite its appearance the Norwegian **skitt** corresponds in strength to the English 'muck'. **Skitt** is thus totally accepted, just as it is in the phrases **Skitt òg!** and **Skitt la gå!** (Never mind!)

Words for persons you don't like come and go in phases. Some stay, like:

***Tosk!**	Fool!
***Drittsekk!**	Stinker!

If people hurt themselves, the following exclamations might be heard, corresponding to 'Confound it!' and its increasingly vulgar variations such as Damn! Blast!

Au!	Ow!
***Pokker/*Fanden/*Satan/*Helvete!**	

Note: over the last few years some four-letter English expletives have crept into the Norwegian language and are being frequently used. Don't judge the Norwegians for that! The users are often simply unaware of the offensive value of their loan words!

Reading text

This is another text that has been tampered with. Rearrange the paragraphs to take it back to its original form. Start with number 4!

Kontakt vestover

1 Disse menneskene bygde seg gårder og prøvde å klare seg så godt de kunne, men de var helt avhengige av kontakten med

Norge. Etter hvert ble det sendt færre og færre handelsskip fra Norge, og til slutt stoppet det helt opp. Da man ville gjenoppta kontakten igjen etter flere hundre år, oppdaget man at den norske befolkningen på Grønland var utdødd.

2 Men kontakten mellom Norge og Amerika stanset snart og ble først gjenopptatt 8–900 år senere. Da utvandret 30% av Norges befolkning i løpet av 100 år. Norge var overbefolket, og det var dårlige tider. Mange hadde store problemer med å holde seg og sin familie i live, og man hørte historier om hvor godt man kunne få det i Amerika. 'Amerika-feberen' raste.

3 En av disse vikingene, Eirik Raude, hadde hørt om et land enda lenger vest i havet. Han fant dette landet og kalte det Grønland. Senere slo han seg ned på øya, og etter hvert kom flere tusen mennesker fra Norge og Island og bosatte seg der.

4 Norske vikinger var dyktige sjøfolk og våget seg stadig lenger ut på havet. Det var ikke bare eventyrlyst som drev dem. Mange ønsket å finne seg nytt land hvor de kunne bosette seg. Fra 870-årene reiste folk fra Vestlandet til Island og slo seg ned der, og i løpet av to generasjoner var Island fullt bebodd.

5 De fleste av disse utvandrerne fikk aldri se Norge igjen, men mange av etterkommerne deres er interessert i røttene sine. De lærer seg norsk, tar kontakt med slektningene sine i 'gamlelandet' og reiser på besøk.

6 Sønnen til Eirik Raude het Leif Eriksson. Han reiste enda lenger vestover med skipet sitt og kom til slutt til et land som han kalte Vinland, og som idag heter Amerika. Gamle sagaer forteller om hvordan Leif Eriksson oppdaget Amerika og at folk senere reiste dit og bosatte seg der i en periode. Hvis alt dette er sant, så ble altså ikke Amerika oppdaget av Columbus i 1492, men av Leif Eriksson nesten fem hundre år tidligere!

Vocabulary

avhengig	dependent	**bosette (-satte,**	settle
gjenoppta	resume	**-satt)**	
(-tok, -tatt)		**våge (-et, -et)**	dare,
befolkning	popula-	venture	
tion		**eventyrlyst**	adventure
(en/ei, -er)		**(en/ei)**	spirit
utvandre (-et, -et)	emigrate	**slå (slo, slått)**	settle
holde (holdt,	keep alive	**seg ned**	
holdt) seg i live		**utvandrer (en, -e)**	emigrant

etterkommer	descen-	**saga**	saga
	dant	**(en/ei, -er)**	(Old
(en, -e)			Norse
rot (en/ei, røtter)	root		prose
Vinland	Old		narra-
	Norse for		tive)
	'meadow-		
	land'		

Language points

The reflexive possessive sin

A reflexive possessive adjective: He contacted *his* relatives.

In Lesson 5 we dealt with the Norwegian possessive adjectives and pronouns, only just mentioning **sin/si/sitt/sine**. Here you can study this reflexive pronoun more closely. Look first at these three examples:

> **Han reiste til Grønland sammen med familien sin.**
> He travelled to Greenland with his (own) family.
> **Han reiste til Grønland sammen med familien hans.**
> He travelled to Greenland with his (somebody else's) family.
> **Familien hans reiste til Grønland.**
> His family travelled to Greenland.

In the first example 'his' must be translated as **sin,** because it relates to the subject of the sentence: it is his own family.

In the second example **hans**, also meaning 'his', refers to somebody else's family.

As **sin** has to refer back to the subject it can logically never be part of the subject itself, so in the last example 'his' is bound to translate as **hans**.

In connection with a neuter word, we find the form **sitt**:

> **Han reiste vestover med skipet sitt.**
> He travelled westwards in his (own) ship.

But: **Han reiste vestover med skipet hans**.
> He travelled westwards in his (someone else's) ship.

And as explained above:

> **Skipet hans** (subject!) **seilte vestover.**

His ship sailed westwards.

Connected with a word in the plural **sine** must be used:

Han tar kontakt med slektningene sine.
He contacts his (own) relatives.
while

Slektningene hans bor i Norge. His relatives live in Norway.

Note 1: **hennes** and **deres** are used in exactly the same way as **hans**.

Note 2: **sin** is also used with other words for the third person singular or plural: **man**, **en**, **folk**, **ingen**:

Man må være høflig overfor foreldrene sine.	One must be polite to one's parents.
Ingen hadde gjort leksene sine.	No one had done their homework.

Exercise 2

Insert **hans** or **sin/si/sitt/sine** as appropriate.

1 Harald var konge over et lite område på Østlandet omkring år 900 e. Kr. En gang sendte han mennene _____ til en ung, vakker jente som het Gyda for å spørre om hun ville gifte seg med ham.
2 Mennene _____ reiste til Vestlandet, hvor Gyda bodde.
3 Gyda svarte: 'Jeg vil ikke bli _____ kone før han er blitt konge over hele Norge!'
4 Harald syntes det var en god idé og sa at han ikke ville klippe håret_____ før han hadde vunnet hele landet.
5 Harald og mennene _____ vant det ene slaget etter det andre.
6 Men det tok lang tid, og håret _____ vokste og vokste.
7 Til slutt måtte fiendene _____ gi opp, og Harald var konge over hele landet.
8 Håret _____ var nå veldig langt og vakkert, og han ble kalt Harald Hårfagre, som betyr Harald med det vakre håret.
9 Gyda holdt løftet_____ , og de to giftet seg.

19 Norske aviser

Norwegian newspapers

In this lesson you will learn about:

- Some abbreviations
- Translating the '-ing' form
- Direct and indirect objects, and their position

Reading text 🔲

Norske aviser

Nordmenn er ivrige avislesere. Hver dag blir det solgt ca. 2 millioner norske aviser!

De norske avisene kan deles i tre grupper: riksaviser, regionsaviser og lokalaviser. Riksavisene blir solgt over hele landet. De største riksavisene er *Verdens Gang*, *Aftenposten* og *Dagbladet*. *Dagens Næringsliv* er en riksavis som legger spesiell vekt på å dekke nyheter fra forretningslivet.

I Norge snakker man også gjerne om seriøse aviser og populæraviser, men det finnes ingen norske aviser som likner på de mest sensasjonelle engelske avisene!

Regionsavisene dekker et større område, f. eks. et fylke. Noen av de største regionsavisene er *Bergens Tidende*, *Adresseavisen*, *Stavanger Aftenblad*, *Fædrelandsvennen* og *Nordlys*. Regionsavisene konkurrerer med riksavisene i hvert sitt område. Ved siden av regionale nyheter, dekker disse avisene også riks- og utenriksstoff. I omfang kan regionsavisene være like store, eller større, enn riksavisene.

Lokalavisene dekker et enda mindre område, gjerne en by eller en kommune. Disse avisene tar seg bare av det som skjer i lokalmiljøet og gir liten plass til annet stoff. Lokalavisene kommer vanligvis ikke ut hver dag.

Mange aviser ble lenge støttet av politiske partier, og til gjengjeld avspeilte avisene partiets politiske syn. Etter hvert har flere av disse avisene erklært seg uavhengige, men det er i de fleste tilfellene fremdeles lett å se hvilket politisk syn en avis støtter.

Vocabulary

ivrig	keen
riksavis (en/ei, -er)	national newspaper
legge (la, lagt) vekt på	attach importance to
nyhet (en/ei, -er)	piece of news
forretningsliv (et)	business life
likne (-et, -et) på	resemble
konkurrere (-te, -t)	compete
utenriksstoff (et)	foreign news
omfang (et)	size, volume
kommune (en, -r)	municipality
ta (tok, tatt) seg av	(*here*) be concerned with
til gjengjeld	in return
avspeile (-te, -t)	reflect
erklære (-te, -t)	declare

Language in use

Some abbreviations

bl. a. = blant annet	among other things
f. eks. = for eksempel	for instance
osv. = og så videre	etcetera
o.l. = og liknende	etcetera
ca. = cirka	about
nr. = nummer	number
dvs. = det vil si	that is
pga. = på grunn av	because of
kr = krone (en/ei, -r)	(Norwegian monetary unit)
m = meter (en, –)	metre
kvm = m^2 = kvadratmeter	square metre
km = kilometer (en, –)	kilometre
g = gram (et, –)	gram

kg = kilogram (et, –) kilogram
l = liter (en, –) litre
tlf. = telefon telephone

Exercise 1

Kan du lese en norsk avis?
Se på annonsene og svar på spørsmålene.

TEATER

Bill. fra kl. 09.30. Lør. fra kl.11.00

Tlf 22 41 27 10/Fax 22 41 04 75
NB! Forsalg ut oktober!
Abonnementstegning pågår!
HOVEDSCENEN
DET LYKKELIGE VALG av Nils
Kjær: Première fred. 3/9 kl. 19.30.
September: 4., 6., 7., 10., 11.,
13.–15., 17., 18., 21., 22., 24., 25.,
27., 28., 30. Oktober: 1., 2., 4., 5.,
15., 16., 20. og 27.
GENGANGERE av Henrik Ibsen:
På Hovedscenen fra ons. 8/9 kl.
19.30. September: 8., 9., 16., 23.,
29. Oktober: 11., 18., 19. og 28.
PARKEN av Botho Strauss:
Premiére 9/10. Oktober: 12.–14.,
21.–23., 29. og 30.

AMFISCENEN
PRISEN av Arthur Miller: Premiére
lørd: 28/8 kl. 18.00. August: 30. og
31. September: 1.–4., 6., 7.,
13.–15., 20.–22., 27., 28. og 30.
Oktober: 1., 2., 4., 5., 7.–9., 25.–27.
FERNANDO KRAPP har skrevet
dette brevet til meg av Tankred
Dorst: Première lø. 11/9 kl. 18.00.
September: 16.–18., 23.–25., 29.
Oktober: 12.–16., 18.–23.
GEOGRAFI OG KJÆRLIGHET av
Bjørnstjerne Bjørnson: Première
30/10. (Solgt).
For barn fra 5 år:
MAMSEPAPSEN av og med Karl
Sundby. September: 13.–17. og
20.–24. kl. 16.30.
OMVISNINGER
På norsk: i dag 20.8 kl. 17.00. Bill. à
kr 30.

KINO

FILMTEATRET

Bill.salg og best. på
tlf. 22 41 83 90 fra kl. 15.30.
Sigrid Undset – Et kvinneliv
(no. – anbef. 10 år). Kl. 17.45
(presis).
Benny and Joon (am. – 10 år).
Kl. 19 og 21.

STILLINGER

Vi søker etter

SEKRETÆR

med følgende kvalifikasjoner:

– 5–10 års erfaring som sekretær
– godt humør, initiativ og ansvarsfølelse
– være fleksibel i forhold til arbeidstid og -press og kunne trå til i perioder hvor det er mye å gjøre
– kunne organisere reiser og møter basert på korte, muntlige beskjeder
– gode kunnskaper i fransk og engelsk vil være en nødvendighet
– kjennskap til og erfaring med bruk av EDB-baserte tekstbehandlingsprogrammer

Arbeidsoppgavene vil i hovedsak være:

– skriving av brev og rapporter på norsk, engelsk og fransk
– oversetting engelsk/fransk – fransk/engelsk
– reisearrangementer

RESTAURANTER/KAFÉER

Source: *Aftenposten*

1 Hva spilles på Hovedscenen ved National Theatret 8. september?
2 Hvilken forestilling på National Theatret passer for barn?
3 Når åpner billettkontoret ved National Theatret?
4 Hvilke filmer går på Filmteatret?
5 Passer filmene for en niåring?
6 Hvilke språk må sekretæren kunne?
7 Hva skal han/hun gjøre?
8 Hvor lang erfaring må han/hun ha?
9 Hva er spesialiteten på Lofoten Restaurant?
10 Kan man spise ute?
11 Hvor ligger Lofoten Restaurant?
12 Når er restauranten åpen?

Dialogue 🔳

It is early morning and Pamela and Håkon have just got up

HÅKON: Har du sett avisen?
PAMELA: Nei, står det noe spesielt i den?
HÅKON: Ja, det er store nyheter. De fyller hele forsiden.
PAMELA: Hva er det som har skjedd?
HÅKON: Regjeringen ble veltet i natt.
PAMELA: Å, all den politikken! Jeg blir så lei av det.
HÅKON: Av og til lurer jeg på hvorfor vi holder avis! Hva leser du i den?
PAMELA: Jeg leser overskriftene. Og så leser jeg lokalstoffet. Det vet du da godt. Og så radio- og TV-programmene. Forresten, det går en god film på NRK i kveld.

Vocabulary

regjering (en/ei, -er)	government	**stoff (et)**	(*here*) news
		forresten	by the way
velte (-et, -et)	(*here*) overthrow	**NRK = Norsk Rikskringkasting**	Norwegian Broadcasting Corporation
holde avis	subscribe to a newspaper		
overskrift (en/ei, -er)	headline		

Exercise 2

Answer these questions about yourself using **aldri, sjelden, av og til** or **alltid.**

Leser du aviser?
Leser du lokalstoffet?
Følger du med i den politiske utviklingen?
Ser du nyhetene på TV?
Hører du nyhetene på radio?
Ser familien din TV når de spiser?
Leser du ukeblader?
Leser du på sengen?
Reiser du utenlands i ferien?
Går du i kirken om søndagen?

Language points

Translating the '-ing' form

Norwegian has no single equivalent to the '-ing' form, and here are some of the more usual ways of translating it:

1 Using the infinitive:

(a) As a subject:

It is nice going early to bed. **Det er fint å gå tidlig til sengs.**

(b) As an object:

I like listening to the news at **Jeg liker å høre nyhetene**
8 o'clock. **klokken 8.**
We've tried having a **Vi har prøvd å ha en gartner.**
gardener.

Note the following cases after verbs of 'seeing' and 'hearing':

I saw him running down the **Jeg så ham løpe ned gata.**
street.
I heard her coming. **Jeg hørte henne komme.**

(c) After prepositions:

I'm looking forward to **Jeg gleder meg til å se**
watching the (TV) news. **nyhetene på TV.**
I've always been afraid of **Jeg har alltid vært redd**
drowning. **for å drukne.**

Note that the two languages will not always use the same preposition.

2 The continuous aspect rendered by the '-ing' form in English has no equivalent in Norwegian, and has to be expressed in other ways:

(a) By simple present, past, perfect tense, etc.:

She is (was/has been/had   **Hun leser (leste/har lest** etc.**).**
been etc.) reading.

(b) By adding **holder på (med) å** or **driver og**:

She is working in the garden. **Hun holder på (med) å arbeide i
hagen** or **Hun driver og arbeider i hagen.**

(c) By adding certain verbs: **sitter, ligger, står**:

She is writing a letter.   **Hun sitter og skriver et brev.**
They were discussing the   **De stod og diskuterte de siste
latest opinion polls.   meningsmålingene.**

3 Rendering the '-ing' form with a prepositional phrase:

I spent five hours preparing   **Jeg brukte fem timer på å
that dinner.   forberede den middagen.**

4 Used as an adjective, the '-ing' form is often rendered by a Norwegian present participle:

It is very soothing.   **Det er veldig beroligende.**
He had an irritating way of   **Han hadde en irriterende
speaking.   måte å snakke på.**

5 Some '-ing' forms are better turned into nouns or whole phrases:

I love mountaineering.   **Jeg elsker fjellklatring**
                               or **å klatre i fjell.**

Grandfather does all the   **Bestefar gjør alt hagearbeidet.**
gardening.
I might do some ironing   **Det kan godt være at jeg
tonight.   stryker litt i kveld.**

6 Sometimes it is necessary to turn the English '-ing' phrase into a sentence or a subordinate clause in Norwegian:

After breakfast I sit down trying to do some work.
Etter frokost setter jeg meg ned og prøver å gjøre noe arbeid.

There are many people in the world hoping to get rich quickly.
Det er mange mennesker i verden som håper å bli rike i en fart.

Having heard the news, I rang him straight away.
Da jeg hadde hørt nyhetene, ringte jeg straks til ham.

7 And sometimes a total transformation seems to be the only way out:

We've people coming this evening.	**Vi får gjester i kveld.**
I try to do a bit of painting every day.	**Jeg prøver å male litt hver dag.**

Exercise 3

Translate this sad story into Norwegian.

I was walking along the beach, waiting for my girlfriend, Camilla. Watching the sea is so soothing. I love sunbathing, so I took off my clothes, putting on swimming trunks instead. Then I sat down in the sand near the parking area. I was so much looking forward to seeing Camilla again that I forgot everything around me, when I heard her car approaching. I didn't even hear the screaming from the beach.

Later as people passed me carrying the old dying woman, one of the men, turning his head in my direction, said, 'Some people are not interested in helping.'

Note: The possessive adjectives are not used in sentences like these, where the 'owners' of the objects are obvious from the context:

I took off my clothes.	**Jeg tok av meg klærne.**
He shook his head.	**Han ristet på hodet.**
He has broken his leg.	**Han har brukket beinet.**

Dialogue 💿

Pamela, whose birthday is approaching, has just arrived home

HÅKON: Din mor har sendt deg en fødselsdagsgave allerede.
PAMELA: Hvordan vet du det?
HÅKON: Det lå et følgebrev i postkassen da jeg kom hjem.
PAMELA: Kan du gå på posthuset i morgen?

HÅKON: Ja, det kan jeg godt. Jeg er forresten også ute i god tid i år. Jeg kjøpte en gave til deg allerede for en måned siden.

PAMELA: Å, gi meg den nå! Jeg har hatt en dårlig dag på jobben.

HÅKON: Nei, du blir nødt til å vente fjorten dager!

Vocabulary

følgebrev (et, –) collection request

Language points

Direct and indirect objects

Indirect object: Håkon gave *Pamela* a car.
Direct object: Håkon gave Pamela *a car.*

You know by now that more than one entry can be made in the columns under *a* and *A*. The same is the case with the column under *N*. In the following sentence we have two objects:

F	v	n	a	V	N	A
Din mor	har	—	—	sendt	deg	
					en fødsels-dagsgave	allerede

Both entries are objects, but their grammatical functions are not identical. **En fødselsdagsgave** is called the *direct object*, whereas **deg** is the *indirect object*. The indirect object can also be identified as the phrase which could well be moved in under *A* when equipped with **til**:

Din mor har sendt en fødselsdagsgave til deg.

Contrary to English the rule of order between the two is always indirect object before direct object:

Din mor har ikke gitt deg den (gaven).

If *V* is empty and the direct object is a personal pronoun and squeezes down between *n* and *a*, the indirect object, if also a personal pronoun, must accompany it:

Din mor gav deg den ikke.

F	v	n		a	V	N	A
Din mor	gav	—	deg den	ikke	—	—	—

But an indirect object, if a personal pronoun, will also make the move on its own:

Din mor gav deg ikke pakken.

F	v	n	a	V	N	A
Din mor	gav	— deg	ikke	—	pakken	—

Exercise 4

With special attention to word order, translate these sentences. Remember that the object(s) can only move forward if they are pronouns and when *V* is empty.

1 My father gave me the red scarf. My mother didn't give it me.
2 Håkon didn't give Pamela the necklace. Petter gave it (to) her.
3 I can't reach the butter. Will you pass it me?
4 I forgot to send the money to my brother. Will you send it to him?

20 Livet i Norge

Life in Norway

In this lesson you will learn about:

- Words like 'upper', 'lower', etc.
- **Ingen** used for **ikke noen** and **ikke noe**
- Fractions
- The position of negative phrases
- Translation of 'to have' into **å få**

Dialogue 🔲

Pamela has just had a phone call from Petter

PAMELA: Petter har nettopp ringt fra Oslo.

HÅKON: Var det noe spesielt?

PAMELA: Ja, han sa han var blitt litt forsinket. Han kunne ikke finne den adressen i Nedre Slottsgata med en gang.

HÅKON: Øvre Slottsgata, ikke Nedre!

PAMELA: Ja, han forstod jo det etter hvert. Men nå er han i alle fall på vei!

HÅKON: Han blir vel stående i rushtrafikken nå da.

PAMELA: Ja, han sa det var lange køer. Han ringte fra en bensinstasjon. Han skulle fylle bensin, og så tar han en iskake med hjem til dessert.

HÅKON: Bare den ikke smelter på veien! Skal jeg dekke bordet?

PAMELA: Ja. Ta en ren duk fra den øverste skuffen.

Vocabulary

forsinket	delayed	**iskake**	ice cream
kø (en, -er)	queue	**(en/ei, -r)**	gâteau
rushtrafikk (en)	rush hour traffic	**duk (en, -er)**	tablecloth

Language points

'upper', 'lower' etc.

The following adjectives lack a basic form. Some appear in the comparative and the superlative, the remainder only in the superlative:

Superlative		*Comparative*	
bakest	hindmost (at the back)	**bakre**	rear
forrest	foremost, front		
fremst	foremost		
innerst	innermost	**indre**	inner
mellomst	middle		
midterst	middle	**midtre**	middle, mid
nederst	lowest, bottom	**nedre**	lower
underst	bottom		
ytterst	outermost	**ytre**	outer
øverst	uppermost, top	**øvre**	upper

Øvre Slottsgate! Ikke Nedre! Upper Castle Street! Not Lower!
Du finner en ren duk i den You will find a clean tablecloth
nederste skuffen. in the bottom drawer.

Exercise 1

What does the average family in Norway possess? Look at the table below and write some explanatory sentences.

Example: **Nittifem prosent av alle nordmenn har vaskemaskin.**

Personer som eier eller har tilgang til (prosent):

Telefon	95	Oppvaskmaskin	50
Dypfryser	92	Mikrobølgeovn	39
Vaskemaskin	95	Platespiller	71

CD-spiller	27	Bil	86
Video-spiller	48	Hytte/fritidshus	30
Video kamera	9	Campingvogn	8
Datamaskin	13	Motorbåt/seilbåt	25

(Source: *Statistisk Årbok* 1993)

Language points

Ingen/ikke noen, ikke noe

In main clauses with a simple verb
Ingen/ikke noen are used with masculine and feminine (common) gender nouns in the singular and with all plural nouns. **Ikke noe** is used with neuter nouns, singular. Consult the table again to see how it illustrates the following points.

In common gender, singular:

5% av norske familier har ikke noen telefon./5% av norske familier har ingen telefon.
5% of Norwegian families have no telephone.

In neuter, singular:

70% har ikke noe fritidshus. 70% have no summer cottage.

In the plural:

Barna våre har ikke noen biler./Barna våre har ingen biler.
Our children have no cars.

Just as **noen** without a noun or reference to a noun means 'somebody', so **ingen** and **ikke noen** on their own mean 'no one':

Det er ingen hjemme./Det er ikke noen hjemme.

Ikke noe and **ingenting** mean 'nothing':

Det er ingenting i kjøleskapet.

In main clauses with more than one verb
Ingen and **ingenting** cannot be used. Instead we use **ikke (noen)** and **ikke (noe)**. If a noun follows, **noen** and **noe** can be dropped:

5% av nordmennene vil ikke ha (noen) telefon.
But: **5% av nordmennene har ingen/ikke (noen) telefon.**

Det vil ikke være noen hjemme på torsdag.
But: **Det er ingen/ikke noen hjemme idag.**

Jeg vil ikke ha noe.   I don't want anything.

In subordinate clauses
Ingen and **ingenting** can only be used if they are the subject of the subordinate clause:

> **Hun mente at ingenting**   She thought nothing was done.
> **ble gjort.**

If they are not the subject of the subordinate clause, **ikke noen** and **ikke noe** must be used:

> **Hun sa at hun ikke hadde noen kjæreste.**
> *But:* **Hun hadde ingen kjæreste.**

Exercise 2

Write down some sentences about what you or your family do not have, using **ingen, ikke noen** and **ikke noe**. Let the statistics above inspire you!

Reading text
Den norske statskirken

Ca. 95% av den norske befolkningen er medlemmer av statskirken, som er evangelisk-luthersk. Når et barn blir døpt, blir det automatisk medlem. Men man kan melde seg ut senere hvis man vil. Det er allikevel få som går regelmessig i kirken om søndagene. Bare i julen og 17. mai, grunnlovsdagen, er kirkene fulle.

Prestene blir lønnet av staten, og omkring en fjerdedel av prestene er kvinner. Den første kvinnelige presten ble utnevnt i 1962, og i 1993 fikk vi den første kvinnelige biskopen.

Vocabulary

stat (en, -er)	(national) state	**døpe (-te, -t)**	baptize
medlem	member	**melde (-te, -t)**	resign one's
(et, -mer)		**seg ut**	membership

prest (en, -er)	vicar, parson	**utnevne (-te, -t)**	appoint
regelmessig	regularly	**biskop (en, -er)**	bishop
grunnlovsdag (en, -er)	constitution day		

Language points

Fractions

Apart from 'a half' and 'a quarter', fractions are compounds consisting of a *cardinal number* + **del (en, -er)**. If the denominator is lower than 13, an *ordinal number* can be used instead:

½ **en halv**
⅓ **en tredel/tredjedel**
¼ **en firedel/fjerdedel**
  or **en kvart**
⅕ **en femdel/femtedel**

⅒ **en tidel/tiendedel**
²⁄₁₀ **to tideler/tiendedeler**
¹⁄₁₅ **en femtendel**

Note: **halvannen/en og en halv** is followed by the singular – as are **to og en halv, tre og en halv**, etc.

halvannen time/halvannet minutt
to og en halv time

Dialogue 🔲

Petter and Pamela are having a chat

PETTER: Vi får dessverre ikke noen ferie i år.
PAMELA: Hvorfor ikke det?
PETTER: Vi har ikke råd til det.
PAMELA: Vi har ikke hatt noen ferie på mange år.
PETTER: Nei, det er da ikke riktig! Dere reiser da til utlandet hvert år.
PAMELA: Ja, til England. Mor venter oss. Men i år vil jeg sørover. Jeg har bestilt billetter til en tur til Hellas.
PETTER: Det har vel Håkon lyst til også?
PAMELA: Ja, det håper jeg. Men jeg har ikke fortalt ham det ennå. Jeg vil ikke si noe før billettene er betalt!

Vocabulary

ha råd afford

Exercise 3

Translate these sentences using forms of **noen, ingen, ikke noen** and **ikke noe**.

1 I've heard nothing.
2 I've seen nobody.
3 Unfortunately I haven't earned any money today.
4 She said that she hadn't seen any cars.

Reading text

Den norske Grunnloven

Norge fikk sin grunnlov 17. mai 1814. Napoleonskrigene var slutt, og Norge var blitt løst fra unionen med Danmark. Hver 17. mai blir grunnlovsdagen feiret med barnetog, taler, musikk og leker. 17. mai er en av de største festdagene i året.

Grunnloven inneholder bestemmelser om borgernes rettigheter og plikter. Sosial likhet og rettssikkerhet er viktige prinsipper når det gjelder borgernes rettigheter, og blant pliktene er skatteplikt og verneplikt.

I Grunnloven står det at statens makt skal deles mellom Stortinget, Regjeringen og Domstolene. Stortinget skal vedta nye lover og regler, Regjeringen skal styre landet etter disse lovene, og Domstolene skal dømme om lovene blir fulgt.

Grunnloven gjør det også klart at det er *folket* som skal styre i Norge, og hvert fjerde år er det valg til Stortinget. De som er over 18 år har stemmerett. Stortinget har 165 medlemmer fra hele landet og fra mange politiske partier.

Det partiet som har flertall i Stortinget får regjeringsmakten. Hvis ingen av partiene har flertall, blir det koalisjonsregjering eller mindretallsregjering.

Vocabulary

grunnlov (en/ei, -er)	constitution	**skatt (en, -er)**	tax
feire (-et, -et)	celebrate	**verneplikt (en/ei)**	compulsory military service
barnetog (et, –)	children's procession	**Storting (et)**	Norway's parliament
tale (en, -r)	speech		
bestemmelse (en, -r)	provision	**regjering (en, -er)**	cabinet
borger (en, -e)	citizen	**domstol (en, -er)**	law court
rettighet (en/ei, -er)	right	**vedta (-tok, -tatt)**	pass
plikt (en/ei, -er)	duty	**styre (-te, -t)**	govern
		hvert fjerde år	every fourth year
rettssikkerhet (en/ei)	rule of law	**stemmerett (en)**	the right to vote
		mindretall (et, –)	minority

Language points

Å ha **and** å få

The English verb 'to have' usually means 'to be in possession of', but it can also be used in the sense of 'to come into possession of'. In this latter case, Norwegian will use the verb **å få.**

Thus 'to have' in the two following sentences must be translated in two different ways:

Norway has a constitution from 1814.   **Norge har en grunnlov fra 1814.**

Pamela had a letter from her mother this morning.   **Pamela fikk et brev fra sin mor i dag morges.**

If 'to have' means 'to be given' or 'to receive' one would always use **å få** in Norwegian:

I had lots of presents for my birthday.   **Jeg fikk mange gaver til fødselsdagen min.**

Note: 'to have' in connection with food and drink will be **spise**, **drikke**, etc.:

| We'll have dinner at 6 o'clock. | **Vi spiser middag klokken 6.** |
| I had a cup of coffee. | **Jeg drakk en kopp kaffe.** |

Å få is also met in many other combinations, for instance:

å få vite (noe)	to be told (something)
å få smake/høre/se, etc.	to get to taste/hear/see, etc.
å få (noen) til å (spise)	to make (someone)(eat)
å få øye på (noe)	to see/to catch sight of (something)
å få til å (gjøre noe)	to manage/achieve (something)
å få tak i (noe)	to get hold of (something)

Få as an auxiliary verb can be followed either by an infinitive, as we have seen in some of the examples above, or by a past participle. If followed by a past participle the meaning would be either 'to manage/achieve something':

| **Jeg fikk lest hele pensum før eksamen.** | I managed to read all the texts on the booklist before the exam. |

or 'have something done':

| **Jeg må få reparert taket.** | I must have the roof repaired. |

Exercise 4

Translate the following sentences.

1 She has long greasy hair.
2 The children had breakfast at 8 o'clock.
3 I had a visit from my parents.
4 What did you have for dinner?
5 Who has a car?
6 Lillestrøm had its third goal in the second half.
7 Anders had a present from his uncle.
8 Many of my friends have dishwashers.
9 I'm having one for my birthday.
10 I must have the house painted.

Exercise 5

Can you finish these jokes, choosing from the lines in the box below?

1

Fru Larsen hadde sittet i sofaen med de to små døtrene sine. De hadde snakket om livets mange alvorlige ting.

Til sist sa fru Larsen til jentene: 'Husk at hvis det er noe dere ikke forstår, eller som dere gjerne vil vite, så kan dere alltid spørre meg. Dere kan spørre meg om alt mulig.'

'Kan vi virkelig spørre deg om alt mulig?' spurte den seksårige Anne forsiktig.

'Ja, alt mulig,' svarte moren.'

'Ja, da har jeg noe jeg gjerne vil spørre deg om,' sa Anne.

'_____ '

2

Stine på fem år var hjemme den dagen moren hennes hadde venninnene sine til kaffe. Hun hadde fått lov til å være med til bords, men etter hvert ble hun så uskikkelig og bråkete at moren ble lei av henne.

'Gå inn på rommet ditt og vær der inne til du er blitt snill pike igjen,' sa moren.

Stine forsvant, men litt etter gikk døren til rommet hennes opp igjen og en liten stemme sa:

'Jeg er ikke blitt snill ennå. _____ '

3

Silje på sju år hadde nettopp fått en lillesøster, og morfar var på besøk.

'Hvordan kom babyen inn i mors mage?' spurte Silje ham.

'Det kan vi ikke vite,' svarte morfar litt forsiktig. 'Vi var jo ikke der da det skjedde.'

Nå blandet Siljes far seg inn i samtalen for å komme morfar til hjelp: 'Synes du vi skal putte en lillebror inn i mors mage også?'

'Ja,' svarte Silje fort, og pekte på morfar. '_____ '

4

Det var mange telt på campingplassen. Utenfor et av teltene stod en mann og en kone og hunden deres. Det var tydelig at hunden hadde gjort noe som den ikke hadde lov til.

'Du kan like godt gi opp å få hunden til å lystre. Den lærer aldri,' sa mannen.

'Det skal du ikke si,' svarte konen. '_____'

5

Det var en mørk vinterkveld, og det var like før jul. Farmor hadde sittet og sunget julesalmer sammen med Trine på fem år. De hadde sunget om stjernene som blinker på himmelen.

'Har du aldri lagt merke til at stjernene blinker ned til oss mennesker?' spurte farmor.

'Nei,' svarte Trine.

'Da må vi gå ut i hagen og se. Himmelen er klar i kveld,' sa farmor.

'Ja,' svarte Trine. '_____'

6

Herr og fru Petersen var nettopp flyttet inn i et nytt hus sammen med den langhårede hunden sin. De satt alle tre ute på balkongen da naboens lille Simon på fire år kom på besøk. Han hadde ikke hund selv og stod en stund og bare kikket på dyret.

Så kom spørsmålet: 'Kan hunder plukke seg i nasen?'

'Nei da,' svarte fru Petersen med et smil.

Simon rynket pannen: '_____'

(a) **Hvorfor har de en da?**
(b) **Skal jeg ta lommelykten med meg?**
(c) **Da får jeg kjøre til barnehagen selv!**
(d) **Så kan han se hvordan man gjør det!**
(e) **Jeg har bare badebukse under.**
(f) **Kan jeg få en gullfisk?**
(g) **Det var minst like så vanskelig med deg i begynnelsen.**
(h) **Jeg skal bare ut og tisse.**

Vocabulary

seksåring	six-year-old	**lystre (-et, -et)**	obey orders
(en, -er)		**stjerne (en/ei, -r)**	star
forsiktig	cautiously	**blinke (-et, -et)**	twinkle
uskikkelig	naughty	**plukke (-et, -et)**	pick one's
bråket	noisy	**seg i nasen**	nose
døren gikk opp	the door	**rynke (-et, -et)**	frown
	opened	**pannen**	
stemme (en, -r)	voice	**lommelykt**	torch
blande (-et,	interrupt	**(en/ei, -er)**	
-et) seg inn		**gullfisk (en, -er)**	goldfish
peke (-te, -t) på	point at	**vanskelig**	difficult
telt (et, –)	tent	**bare**	(*here*) only
herr	Mr	**tisse (-et, -et)**	pee
oppgi (-gav, -gitt)	give up		

A simple guide to pronunciation

It is not feasible to give a detailed account of Norwegian pronunciation within the compass of a short introduction, but the following should give you an idea. If you have the cassettes, you will, of course, be able to hear the sounds for yourself. The Norwegian alphabet contains three more letters than the English, although certain letters in the English alphabet are rarely used in Norwegian. These letters are in brackets in the following:

a b (c) d e f g h i j k l m n o p (q)
r s t u v (w) (x) y (z) æ ø å

Stress and length

Most Norwegian words have the stress on the first syllable. In words of foreign origin the stress can be on the last or the second last syllable.

In a stressed syllable either the vowel or the consonant will be long. A long vowel can be followed by a short, single consonant, while a short vowel is followed by a long consonant, either a combination (e.g. **-ng: sang**) or a single, long consonant, usually written as a double consonant (e.g. **søtt**):

Long vowel	*Long consonant*
søt	**søtt**
gul	**gull**
sa	**sang**

In unstressed syllables both the vowel and the consonants are short.

Vowels

Letter		Comments	Examples
a	long	like in 'car'	**dag, lage**
	short	more open than the long '**a**'	**hatt, land**
e	long	similar to the 'ai' in 'hair', but it is a single vowel, not a diphthong	**lese, pen**
	short	as in 'bet'	**penn, sitte**
	long **æ**	in front of **r**	**er, verden**
	short **i**	in these words	**de, De**
i	long	like in 'see'	**mil, bil**
	short	more relaxed than the long '**i**', as in 'bit'	**sitte, min**
o	long	resembles the 'oo' in 'fool', but with much more rounded lips and further back in the mouth	**bok, mor**
	short	less close than the long '**o**'	**rom, ropte**
	long **å**	in front of **v**	**lov, sove**
	short **å**		**holde, opp**
u	long	similar to the 'ue' in 'true' but has a closer and more front pronunciation	**gul, lur**
	short	like long '**u**', but shorter	**full, gull**
	short **o**	before **kk, ks, kt, ng** and **ng**	**bukke, ung**
y	long	like long '**i**' pronounced with rounded lips	**lys, syk**
	short	more relaxed than long '**y**'	**hytte, sykle**
æ	long	like the 'a' in 'glad'	**være, nær**
	short	like long '**æ**', but shorter	**vært, færre**
ø	long	similar to the 'i' in 'sir' but more rounded	**søt, møte**
	short	like long '**ø**' but shorter and more open	**søtt, møtte**
å	long	similar to the 'a' in 'call' but more rounded	**båt, språk**
	short	like long '**å**', but shorter and more relaxed	**fått, gått**

Diphthongs

ai	as in 'I', 'by'	**kai, mai**
au	similar to 'ow' in 'how'	**sau, maur**
ei ⎫	similar to the 'ay' in 'day'	**reise, nei**
eg ⎭		**regn, deg**
øy ⎫	'ø' + a relaxed 'y'	**øy, høy**
øg ⎭		**døgn, gøy**

Consonants

Norwegian consonants are pronounced very similarly to the English ones. There are, however, a few points to note:

Letter	Imitated pronunciation	Comments	Examples
c		Occurs only in foreign words and is pronounced:	
	k	in most cases like in 'car'	**camping**
	s	in front of **e**, **i** and **y**	**scene, cirka**
	sj	as in 'she'; spelt **ch**	**champagne**
d	**d**	in most cases as in 'day'	**dag, lide**
	silent	at the end of words after a vowel and usually after **r**, **l** and **n**	**god, bord, kald, land**
g	**g**	in most cases as in 'good'	**gul, gnage**
	j	like the 'y' in 'yes' before **ei**, **i** and **y**	**gift, geit**
	silent	– in front of **j** and and in words ending in **-ig**	**gjøre, veldig**
		– in certain other words	**morgen**
		– '**lg**' becomes '**ll**' in certain words	**selge, følge**
	ng	**ng** at the end of words has the same pronunciation as in English 'sing'; if an **e** is added in Norwegian the **ng** is still pronounced 'ng'	**lang, lenge**
h	silent	before **j** and **v**	**hjelp, hvit**

j	**j**	like the 'y' in 'yes'	**jern, jente**
k	**k**	in most cases as in 'cat'	**kone, nikker**
	kj	resembles a strongly aspirated 'h' as in 'huge'; spelt **kj**, **ki**, **ky**, **kei**	**kjenne, kino, kylling**
	æi	spelt **ks**	**seksten**
n	**n**	in most cases as in 'nine'	**ni, noe**
	ng	see under **g**	
r		is pronounced differently in various parts of Norway; most common is a rolled 'r', similar to the Scottish rolled 'r'; the **r** must always be pronounced	**rød, for, doktor**
s	**s**	in most cases as in 'sleep'	**sove, slå**
	sj	as in 'she'; spelt **sj**, **skj** and **sk + i**, **y**, **ei**, **øy**	**sjø, skjorte, ski, sky, skei, skøyte**
t	**t**	in most cases as in 'take'	**takk, late**
	kj	resembles a strongly aspirated 'h' like in 'huge'; spelt **tj**	**tjern**
	silent	in the pronoun **det** and in the definite form singular of neuter nouns (but pronounced before a genitive: **landets**)	**huset, det**
v	**v**	in most cases as in 'village', but more relaxed	**vår, vinter**
	silent	in most cases at the end of words after **l**	**sølv, tolv**
w	**v**	occurs only in foreign words	**whisky**
x		occurs only in foreign words	
	s	in front position	**xylofon**
	ks	in other positions	
z	**s**	occurs only in foreign words	**zoologi**

Tones

A special characteristic of Norwegian pronunciation is the tone system. All stressed syllables which are followed by one or more unstressed syllables are pronounced with either single or double tone. Two different words that are pronounced with exactly the same sounds can be distinguished by their tones, e.g. **bæret** (single tone: 'the berry') and **bære** (double tone: carry). The single tone starts low and rises, while the double tone starts a middle pitch, then falls slightly before rising.

Listen to the tones and try to adopt them, but don't expect to get them right at first. You will not be misunderstood if you can't use them, and there are in fact Norwegian dialects where they don't appear at all.

Ready-reference grammar

Gender

There are three genders in Norwegian: masculine, feminine and neuter (Lesson 2).

Articles

The indefinite articles, which exist only in the singular, precede the nouns and are: **en** (*masc.*), **en/ei** (*fem.*) and **et** (*neu.*) .

The definite articles are attached to the end of the nouns, and in the singular are: **-en** (*masc.*), **-en/-a** (*fem.*) and **-et** (*neu.*) (Lesson 1). The definite articles in the plural are:
   -ene (*masc.* and *fem.*) and **-ene/-a** (*neu.*) (Lesson 7).

Nouns

	Indefinite singular	Definite singular	Indefinite plural	Definite plural
Masculine	**en gutt**	**gutten**	**gutter**	**guttene**
Feminine	**en/ei veske**	**vesken/veska**	**vesker**	**veskene**
Neuter	**et hus**	**huset**	**hus**	**husene/ husa**

Note on feminine nouns: in most cases there is a choice between the specific feminine forms (with **ei** in indef. form sg. and **-a** in def. form sg.) and the 'common gender', which is identical to the masculine gender.

However, a few feminine nouns would almost always have the specific feminine forms: **jente**, **kjerring**, **hytte**, **bikkje**, **geit**, **ku**, **høne**, **gate**, **bygd**, **li**, **myr**, **mark**, **øy**. In general the specific feminine forms are more informal and used mostly in spoken Norwegian, while the 'common gender' forms are more formal and used in writing.

Note on neuter nouns: almost all neuter nouns have a choice between **-ene** and **-a** in the def. form pl. In general the **-a** form is more informal and used mostly in spoken Norwegian, while the **-ene** form is more formal and used in writing.

Only a very few nouns will almost always take the **-a** form: **barn, bein/ben, dyr, krøtter** (Lessons 2, 3, 5 and 7).

Adjectival declension

en fin dag	**den fine dagen**	**fine dager**	**de fine dagene**
en/ei fin kake	**den fine kaken /kaka**	**fine kaker**	**de fine kakene**
et fint hus	**det fine huset**	**fine hus**	**de fine husene/ husa**

Dagen er fin.	**Dagene er fine.**
Kaken/Kaka er fin.	**Kakene er fine.**
Huset er fint.	**Husene/Husa er fine.**

(Lessons 5 and 7)

Comparison
Adjectives compare either by adding **-ere** and **-est**, or by preceding the adjective by **mer** and **mest**:

pen	**penere**	**penest**
interessant	**mer interessant**	**mest interessant**

(Lesson 12)

Personal pronouns

As subject	*In all other cases*
jeg	**meg**
du/De	**deg/Dem**
han/hun/det/den/man/en	**ham/henne/det/den/en**
vi	**oss**
dere/De	**dere/Dem**
de	**dem**

(Lessons 1 and 9)

Reflexive pronouns are **meg, deg/Dem, oss, Dem/dere** in 1st and 2nd person, **seg** in 3rd person sg. and pl. (Lesson 9).
Reciprocal pronoun: **hverandre** (Lesson 9).

Possessive pronouns/possessive adjectives

Singular	*Plural*
min/mi/mitt	**mine**
din/di/ditt	**dine**
hans/hennes(dets/dens/ens)	**hans/hennes (dets/dens/ens)**
sin/si/sitt	**sine**
vår/vårt	**våre**
deres/Deres	**deres/Deres**
deres	**deres**

(Lesson 5)

Mi, di, si are the specific feminine forms corresponding to **ei** (indef. article sg.) and **-a** in def. sg.

Demonstrative pronouns

Singular		*Plural*
Common	*Neuter*	
den	**det**	**de**
denne	**dette**	**disse**
slik	**slikt**	**slike**
samme	**samme**	**samme**

(Lesson 17)

Interrogatives

who	**hvem**
what	**hva**
which	**hvilken/hvilket/hvilke**
whose	There is no single word for whose in Norwegian. Expressions like **hvem sin/si/sitt/sine ...** and **Hvem eier ...** are used instead.

(Lesson 17)

Relative Pronoun

som (Lesson 12)

Indeterminates

	Singular		*Plural*
Masc.	*Fem.*	*Neuter*	
annen	**annen/anna**	**annet**	**andre**
ingen	**ingen**	**(ikke noe)**	**ingen**
noen	**noen**	**noe**	**noen**
(mang en)	**(mang en/ei)**	**(mangt et)**	**mange**

(Lessons 11, 15 and 20)

Numerals

See Lessons 2 and 3.

Verbs

(Lessons 1, 4, 6, 7, 9, 10, 13, 14, 15, 17, 18, 19 and 20)

Active forms

	Infinitive (1)	*Stem* (4)	*Present* (1)	*Past* (8)
Group 1 **(-et, -et)**	**kaste**	**kast**	**kaster**	**kastet**
Group 2 **(-te, -t)**	**lese**	**les**	**leser**	**leste**
Group 3 **(-de, -d)**	**prøve**	**prøv**	**prøver**	**prøvde**
Group 4 **(-dde, -dd)**	**bo**	**bo**	**bor**	**bodde**

	Past part. (4)	*Present part.* (10, 19)
	kastet	**kastende**
	lest	**lesende**
	prøvd	**prøvende**
	bodd	**boende**

(Lessons 1, 4, 7, 8, 10, 14 and 19)

Passive forms

Infinitive	Present	Past
(9)	(13)	(17)
høres	**høres**	**hørtes**
bli hørt	**blir hørt**	**ble hørt**

(Lessons 9, 13 and 17)

Modal verbs

Infin.	Pres.	Past	Past part.
skulle	**skal**	**skulle**	**skullet**
ville	**vil**	**ville**	**villet**
kunne	**kan**	**kunne**	**kunnet**
måtte	**må**	**måtte**	**måttet**
burde	**bør**	**burde**	**burdet**
tore	**tør**	**torde**	**tort**

(Lesson 1, 6 and 7)

Irregular verbs used will have their inflections indicated in the vocabulary lists.

Word order

For information on word order see Lessons 2, 3, 4, 6, 8, 10, 11, 14

Key to exercises

Lesson 1

Translation of reading text: I'm called Håkon, and I live in Lillestrøm. I'm married to Pamela. She comes from England, but she speaks Norwegian. I'm a teacher at a school here in Lillestrøm. Pamela travels to Oslo every day. She is a secretary in a tourist office. We have two children, a son called Anders, and a daughter called Marit.

Exercise 1 jeg, jeg, jeg, hun, hun, jeg, hun, vi

Exercise 2 norsk, engelsk, svensk, dansk, tysk, fransk

Exercise 3 Navn: Petter Dale. Alder: 40 år. Høyde: 186 cm. Nasjonalitet: norsk. Yrke: journalist. Øyne: blå. Hår: lyst. *Translation:* Petter Dale is 40 years old and a journalist. He is 186 cm tall and has blue eyes and fair hair. He is Norwegian, but he lives in Germany.

Exercise 4 Pamela Dale er 31 år og sekretær. Hun er 170 cm høy og har brune øyne og svart hår. Hun er engelsk, men hun bor i Norge.

Exercise 5 Håkon is a teacher. He is Norwegian, and he is married to Pamela. Pamela comes from England. She is a secretary, and she works in Norway. She speaks English and Norwegian.

Exercise 6 heter, bor, er, kommer, snakker, er, reiser, er, har, heter, heter.

Exercise 7 1 svare, svarer. 2 spørre, spør. 3 gå, går. 4 snakke, snakker. 5 vite, vet. 6 oversette, oversetter. 7 kjøre, kjører. 8 være, er.

Exercise 8 1 Hun kjører. 2 Jeg bor i London. 3 Han oversetter *Ulysses.* 4 Jeg spør. 5 De snakker. 6 Hun har en sønn og en datter. 7 De bor i England.

Exercise 9 *Y:* Hei! *F:* Hei! *Y:* Det var hyggelig å treffe deg. Hvordan har du det? *F:* Jeg har det bare bra. Hvordan går det med deg? *Y:* Takk, det går bra. *F:* Hvordan har Pamela det? *Y:* Hun har det fint. *F:* Hvordan har Anders og Marit det? *Y:* De har det bra også. De er i Oslo.

Listening comprehension *The text:* Monica er engelsk og bor i Cambridge. Hun er gift med Karl. Karl kommer fra Tyskland. De har en datter, Ellen. Ellen snakker engelsk og tysk. Monica og Karl reiser til London hver dag. De arbeider i London. *Answers:* 1 English. 2 In Cambridge. 3 Karl. 4 Germany. 5 Ellen. 6 English and German. 7 In London.

Lesson 2

Exercise 2 1 Det er en by i Vest-Norge. 2 Det er hovedstaden i England. 3 Det er en fjord. 4 Det er et land i Europa. 5 Det er en by i Tyskland. 6 Det er hovedstaden i Frankrike. 7 Det er et land. 8 Det er et hav nord for Norge. 9 Det er en isbre i Norge.

Exercise 3 1 Kvinnen/Kvinna 2 huset 3 morgenen 4 en lærer 5 mannen 6 familien 7 en sønn 8 en/ei datter 9 Datteren/Dattera 10 undervisningen 11 en by 12 Bilen 13 en fjord 14 Faren 15 et øyeblikk 16 hjulet 17 Sønnen 18 toget

Exercise 4 1 Sverige (not a word for nationality) 2 fjord (not a verb) 3 lese (using the eyes, not the mouth) 4 sy (not a noun) 5 tog (not a person)

Exercise 5 jeg heter, jeg bor, jeg er, hun kommer, hun snakker, jeg er, Pamela reiser, hun er, vi har, en sønn heter, en datter heter

Exercise 6 1 Sør for Tromsø ligger Bodø. 2 Dessverre er jeg lærer.
3 Her bor vi. 4 Håkons datter kjenner jeg ikke. 5 Hver dag reiser
Pamela til Oslo. 6 Heldigvis snakker jeg engelsk.

Exercise 7 1 Håkons sønn heter ikke Anders. 2 Heldigvis bor jeg
ikke i en by. 3 De kjører ikke til Oslo hver dag. 4 Vi har ikke to
barn. 5 Jeg snakker ikke fransk. 6 Vanligvis snakker ikke Pamela
norsk hjemme.

Exercise 8 1 fifty-two 2 ninety-eight 3 seventy-one 4 twenty-seven
5 thirty-six 6 forty-three 7 eighty-nine 8 sixty-five

Listening comprehension *The text:* Anders er sju år. Marit
er fire år. Pamela er tretti år. Håkon er trettito år. Oslo er fem-
hundreogfemtiåtte km sør for Trondheim. Tromsø er ettusento-
hundreognittifire km nord for Trondheim. Mellom Oslo og Tromsø
er det ettusenåttehundreogfemtito km. Sognefjorden er tohun-
dreogfire km lang. Trondheimsfjorden er hundreogtjueseks km
lang. Jostedalsbreen er firehundreogåttiseks km². Det bor fire
millioner mennesker i Norge.
Answers: (a) 7 (b) 4 (c) 30 (d) 32 (e) 558 km (f) 1294 km (g) 1852km
(h) 204 km (i) 126 km (j) 486 km² (k) 4 mill

Lesson 3

Exercise 1 1 druer 2 druene 3 epler 4 pærer 5 bananer 6 en banan
7 familie 8 dyr 9 en katt 10 en hund 11 fisker 12 mus 13 katten 14 en
konge 15 en dronning 16 sønner 17 barn 18 en datter 19 sønn 20
søster 21 brødre

Exercise 2 *For example:* Y: Hva koster bananene? G: De koster
tre kroner stykket. Y: Jeg vil gjerne ha fire bananer. Har du/De
noen druer? G: Nei, dessverre. Y: Hva koster pærene? G: Seksten
kroner kiloet. Y: Jeg vil gjerne ha et kilo. Det er/var alt. G: Det blir
tjueåtte kroner. Y: Kan du/De gi tilbake på en hundrelapp/
hundrekroneseddel? Jeg har ikke småpenger. G: Ja. Y: Vær så god.
G: Vær så god. Mange takk.

Exercise 4 1 Bor dere ikke i Oslo? 2 Snakker hun tysk? 3 Er ikke
Bergen en by i Nord-Norge? 4 Heter han ikke Per? 5 Arbeider du
på Lillestrøm?

Exercise 5 1 Jo. 2 Nei. 3 Ja. 4. Jo. 5. Nei. 6. Ja. 7. Jo.

Exercise 6 første, andre, tredje, fjerde, femte, sjette, sjuende, åttende, niende, tiende, ellevte, tolvte, trettende, fjortende, femtende, sekstende, syttende, attende, nittende, tjuende

Exercise 7 1 desember 2 januar 3 ? 4 februar 5 mai 6 ? 7 november 8 april 9 juni

Exercise 8 1 gulrot (grows in the soil) 2 fjord (appears in the singular) 3 fisk (lives in the water) 4 sønner (appears in the plural)

Lesson 4

Exercise 1 *Across* 1 låst 2 gitt 3 slukket 4 lukket 5 oversatt 6 husket 7 kastet 8 tømt 9 gjemt 10 skjedd 11 prøvd *Down* 12 Lillehammer

Exercise 2 1 Jeg har vasket badekaret. 2 Jeg har avbestilt avisen. 3 Jeg har gjemt radioen/radioene. 4 Jeg har ringt politiet. 5 Jeg har husket passet/passene. 6 Jeg har tømt søppelbøtten/ søppelbøttene. 7 Jeg har lukket garasjen/garasjene. 8 Jeg har slukket lyset/lysene. 9 Jeg har låst døren/dørene.

Exercise 3 1 *b*, 2 *t*, 3 *t*, 4 *i*, 5 *t*, 6 *i*, 7 *i*, 8 *i*, 9 *i*, 10 *t*

Exercise 4 1 har 2 er 3 har 4 har 5 har 6 er 7 har 8 er

Exercise 5 1 De har ikke spist middag. 2 Hans er ikke blitt lektor. 3 Nina har ikke lest avisen. 4 De har ikke sagt ja til invitasjonen. 5 Han har ikke ringt til Hanne. 6 Datamaskinen er ikke forsvunnet. 7 Har han ikke tatt den? 8 Er ikke Pamela kommet hjem?

Exercise 7 *P:* Har du sett kakene? *M:* Ja, jeg har spist to, og Anders har spist to også. *P:* Nå har vi ikke kaker til kveldskaffen *M:* Unnskyld! Det tenkte jeg ikke på.

Exercise 8 *H:* Har dere ventet? *P:* Ja, hva har du gjort? *H:* Jeg har vasket bilen. *P:* Er du ikke sulten? *H:* Jo, beklager at jeg kommer så sent. *P:* Det gjør ikke noe. Petter har ringt. Han ringer igjen senere. *H:* Hvordan har han det? *P:* Han har det bare bra.

Lesson 5

Exercise 1 1 vår 2 din 3 hennes 4 hennes 5 dine 6 deres 7 Deres 8 mitt 9 vår 10 deres 11 hans 12 mitt 13 deres 14 hennes 15 dine

Exercise 2 1 høy, høyt, høye 2 billig, billig, billige 3 norsk, norsk, norske 4 svart, svart, svarte 5 kort, kort, korte 6 sulten, sultent, sultne 7 brun, brunt, brune 8 åpen, åpent, åpne 9 grå, grått, grå 10 tykk, tykt, tykke 11 vakker, vakkert, vakre 12 øde, øde, øde

Exercise 3 1 Det er epler og plommer på Håkon og Pamelas frukttrær. 2 Plommene er blå og eplene er røde og vakre. 3 Barna spiser frukt når de er sultne. 4 Bergen er en stor, norsk by. 5 Håkon har en moderne, engelsk bil. 6 Mange hus rundt Oslo er gamle.

Exercise 4 1 Anders er Pamelas sønn. 2 Anders' far heter Håkon. 3 Ja, Anders har en søster. 4 Marits mormor bor i Oxford. 5 Petter er Håkons bror/ Pamelas svoger/ Anders og Marits onkel. 6 Nei, Petter er Marits onkel. 7 Anders er Petters nevø. 8 Pamelas svoger bor i Tyskland. 9 Håkons svigerfar bor i London. 10 Petters bror heter Håkon.

Exercise 6 Y: Jeg har så mye å gjøre. L: Ja, jeg må visst også hjem nå. Y: Det var koselig å se deg. L: Ja, vi må snart treffes igjen. Y: Ha det godt! L: Ha det! Hils hjem! Y: Det skal jeg gjøre. Ha det!

Lesson 6

Exercise 2 1 Jeg kan glemme dem! 2 Jeg kan flytte til Norge. 3 Jeg kan ringe igjen. 4 Jeg kan slukke lyset. 5 Jeg kan si ja. 6 Jeg kan stoppe en bil. 7 Jeg kan svømme i land. 8 Jeg kan tenne et (stearin)lys.

Exercise 3 1 Man kan male med en pensel. 2 Man kan sy med en nål. 3 Man kan skrive med en blyant. 4 Man kan skjære med en kniv. 5 Man kan klippe med en saks. 6 Man kan sage med en sag. 7 Man kan grave med en spade. 8 Man kan ringe med en klokke.

Exercise 4 1 Skal vi ikke se fjernsyn? 2 Skal vi ikke kjøre til Sverige? 3 Skal vi ikke ta en øl? 4 Skal vi ikke kjøpe en is? 5 Skulle/Skal vi ikke gå hjem nå? 6 Skulle vi ikke besøke din mormor?

Exercise 5 1 Jeg skal besøke svigermor. 2 Jeg skal bake en kake. 3 Jeg skal reparere sykkelen. 4 Jeg skal male hagegjerdet. 5 Jeg skal kjøpe nye ski.

Exercise 6 1 Kan jeg få se huset? 2 Kan jeg slå av TV-en? 3 Kan jeg gå nå? 4 Kan jeg få låne telefonen? 5 Kan jeg drikke melken? 6 Kan jeg ringe senere? 7 Kan jeg lukke døren? 8 Kan jeg få kjøre bilen?

Exercise 8 1 Jeg vil spare ti pund hver måned. 2 Jeg vil ikke drikke øl. 3 Jeg vil finne en mann. 4 Jeg vil ikke glemme å mate hunden. 5 Jeg vil vaske opp hver dag. 6 Jeg vil ikke diskutere penger.

Exercise 10 1 ..., så skal jeg lukke garasjen. 2 Jeg skal slukke lyset ... 3 ..., så skal jeg vaske bilen. 4 Jeg skal kjøpe billetter ... 5 Jeg skal betale rekningen ...

Lesson 7

Exercise 1 hakk, hakker, hakket; knus, knuser, knust; rør, rører, rørt; tilsett, tilsetter, tilsatt; varm, varmer, varmet; form, former, formet; legg, legger, lagt; stek, steker, stekt; snu, snur, snudd; brun, bruner, brunt/brunet; hell, heller, helt; kok, koker, kokt

Exercise 2 1 Jeg har hakket løken. 2 Jeg har knust kavringen. 3 Jeg har rørt sammen kjøttdeig og melk. 4 Jeg har tilsatt løken og kavringen.

Exercise 3 1 Snakk pent! 2 Vil du være så snill å tømme søppelbøtten? 3 Vil du lukke garasjen? 4 Hjelp! 5 Vil du lukke døren? 6 Vent litt! 7 Snakk norsk! 8 Vil du være så snill å gi Dale en beskjed? 9 Vil du ringe senere? 10 Kom!

Exercise 4 Jeg har lyst til å spille golf. Jeg gidder ikke gå lange turer. Jeg har lyst til å sove hele dagen. Jeg har lyst til å glemme alt om arbeidet. Jeg gidder ikke skrive brev. Jeg har lyst til å drikke champagne. Jeg gidder ikke se fjernsyn. Jeg har lyst til å lese norsk.

Exercise 5 Kjære Alistair!
Nå er vi i Oslo, og vi gleder oss til to dager her i hovedstaden. To dager er ikke så lenge, men vi må være i Trondheim før mandag. Vi

ville gjerne besøke Lillehammer også, men vi kan ikke. Vi har ikke så mange penger igjen.

Hva skal du gjøre neste sommer? Skal vi ikke reise til Oslo, du og jeg? La oss spare!

Nei, nå må jeg til posthuset. Hils foreldrene dine.

Mange hilsener fra
Jon

P.S. Hilsen fra Kay. – Jeg har ikke skrevet til din søster. Jeg gidder ikke!

Exercise 6 1 dårlig, 2 lukket, 3 tykk, 4 billig, 5 doven/lat, 6 kort, 7 stor, 8 gal, 9 ung

Exercise 7 1 fine 2 stort, italienske 3 gamle, dyrt 4 lange, lyse 5 blå 6 moderne 7 rotete

Lesson 8

Exercise 1 6, 12, 11, 4, 2, 1, 10, 3, 9, 5, 7, 8

Exercise 2 1 Hun bør vaske bilen min. 2 Hun bør re opp sengen min. 3 Hun bør vaske klærne mine. 4 Hun bør stryke skjortene mine. 5 Hun bør pusse skoene mine. 6 Hun bør stoppe sokkene mine. 7 Hun bør ha en rik, amerikansk onkel.

Exercise 4 1 kjøtt 2 salt 3 smør 4 løk 5 kaffe 6 øl

Lesson 9

Exercise 1 1 Plenen bør slås. 2 Blomstene bør vannes. 3 Skjortene bør strykes. 4 Gjerdet bør repareres. 5 Dyrene bør fores. 6 Trappene bør feies. 7 Hekkene bør klippes. 8 Barna bør bades. 9 Skuret bør males. 10 Skittentøyet bør vaskes. 11 Maten bør lages. 12 Eplene bør plukkes.

Exercise 2 1 Marit slo seg, og Anders trøstet henne. 2 Håkon er i hagen. Anders har sett ham. 3 Maten er ferdig. Vil du hente den? 4 De møtte hverandre. 5 Kan du ikke se meg? Vil du ikke gi meg et kyss? 6 Barna kjedet seg etter middag. 7 Min mor satte seg. 8 De la seg på sengene sine. 9 Vi passer på hverandres barn.

Exercise 3 *Across:* 1 agurker 2 purre 3 gulrøtter 4 bønnene 5 kålene 6 salat 7 tomater 8 løkene 9 poteter 10 erter *Down:* 11 grønnsaker

Across: 1 smør 2 salamien 3 kjøttet 4 leverpostei 5 kaker 6 frukt 7 mel 8 brød *Down:* 9 matvarer

Exercise 4 Den hvite katten med den svarte halen hopper opp på bilen. Den hvite katten står inne i bilen. Den hvite katten med den lille halen sitter ved siden av bilen. Den svarte katten med den lange halen sitter oppe på bilen. Den hvite katten med det svarte hodet går bort til bilen. Den svarte katten med den hvite halen hopper ut av bilen.

Exercise 5 1 i spisestuen 2 på køkkenet 3 på soverommet 4 på toalettet 5 en gang 6 på gjesterommet 7 en kjeller 8 på loftet 9 i garasjen

Lesson 10

Exercise 1 1 Farfar kan ikke være ute fordi han ikke er frisk. 2 Vi kan ikke reise på hytta fordi bilen må repareres. 3 Petter kom til Norge fordi farmor har fødselsdag. 4 Håkon kommer sent hjem fordi lærerne har hatt møte. 5 Mange kommer ikke til møtene fordi de ikke har tid.

Exercise 2 1 Pamela kan oversette hvis din kone ikke snakker engelsk. 2 Du kan ringe til Pamelas kontor hvis Håkons telefon ikke svarer. 3 Jeg vil ikke seile hvis det blir storm. 4 Jeg skal betale hvis du ikke kan. 5 Jeg vil ikke reise til Oslo hvis vi kjører i din bil.

Exercise 3 1 ble 2 var 3 fortalte 4 trollbandt 5 inspirerte 6 ble 7 var 8 spilte 9 var 10 overtalte 11 studerte 12 komponerte 13 ble 14 bodde 15 kunne 16 fant 17 bad 18 giftet 19 framførte 20 spilte 21 sang 22 flyttet 23 bodde 24 døde

Exercise 4 1 løpende 2 seilende 3 sittende 4 snakkende 5 forsvinnende 6 rasende 7 levende 8 stående 9 skrikende

Exercise 5 1 Ja, det var han. 2 Ja, det var han. 3 Nei, det gjorde han ikke. 4 Nei, det gjorde han ikke. 5 Jo, det gjorde han. 6 Nei, det gjorde han ikke. 7 Jo, det gjorde han. 8 Ja, det gjorde han. 9 Jo, det gjorde han. 10 Ja, det har jeg./Nei, det har jeg ikke.

Lesson 11

Exercise 1 1 Hvor mange sigaretter røyker han? 2 Hvor mye bensin (Hvor mange liter bensin) kjøpte du? 3 Hvor mye (Hvor mange penger) tjener du i måneden? 4 Hvor mye vin (Hvor mange flasker vin) drakk dere? 5 Hvor mange barn har du? 6 Hvor langt (Hvor mange kilometer) kjørte dere? 7 Hvor mye olje er det i tanken?

Exercise 2 *For example:* Østafjells og på Sørlandet regner det. Temperaturen er 7–9 grader i ytre strøk. Noe kaldere i indre strøk. I Vest-Norge er det overskyet, men oppholdsvær. 8–9 grader. I hele Sør-Norge er vinden svak og kommer fra øst. I Trøndelag og Nordland er det lettskyet, pent vær. I Finnmark snør det litt i ytre strøk. I indre strøk er det lettskyet, solskinn og pent vær. Temperaturen i Finnmark er minus 2 grader.

Exercise 3 1 Håkon spør barna om de kan fortelle om Roald Amundsen. 2 Lise forteller at han levde fra 1872 til 1927. 3 Håkon sier at han ikke levde til 1927. 4 Marie sier at han levde til 1928. 5 Kirsten forteller at Roald Amundsen var førstemann på Sørpolen. 6 Per sier at han først planla å reise til Nordpolen. 7 Håkon spør om de vet hvem Robert Peary var. 8 Øyvind svarer at han var førstemann på Nordpolen. 9 Knut forteller at skipet til Amundsen het 'Fram'. 10 Turid sier at han hadde seks menn med seg til Sørpolen. 11 Håkon sier at han ikke hadde seks menn. 12 Erik sier at han hadde fire menn med seg. 13 Eva forteller at han nådde Sørpolen en måned før Robert Scott. 14 Lars sier at de kom fram 14. desember 1911.

Exercise 4 1 Lånte du ikke Pamelas gamle plater? Jo, men jeg spilte dem ikke. 2 Sa han ikke at han skulle hente Marit? Jo, men han har ikke hentet henne ennå. 3 Har du truffet de nye naboene våre? Nei, jeg har ikke sett dem. 4 Var ikke de store potetene forferdelige? Jo, jeg spiste dem ikke.

Lesson 12

Exercise 1 1 Fem. 2 Lysaker/Fornebu, Asker, Drammen, Hokksund, Vikersund. 3 Tre timer og trettisju minutter. 4 Fire timer og trettifem minutter. 5 Haugastøl. 6 Hallingskeid. 7 Myrdal. 8 Tre minutter. 9 Tre minutter over ett. 10 Seks timer og trettisju minutter.

Exercise 2 1 Vi tar nattoget, som tar åtte timer til Bergen. 2 Mange barn reiser med Barnetoget, som har en spesialvogn for reisende med barn. 3 Man passerer mange idylliske tettsteder, som man kan se fra togvinduet. 4 Toget stopper i Drammen, som ikke ligger i Hallingdal. 5 Mange turister reiser med Flåmsbanen, som er en stupbratt togrute ned mot Sognefjorden. 6 Neste stopp er Voss, som ikke ligger ved sjøen. 7 Togreisen fra Oslo til Bergen er en fantastisk tur som jeg vil anbefale på det varmeste.

Exercise 3 1 Nei, appelsinen er søtere enn sitronen. 2 Nei, York er mer interessant enn Hull. 3 Nei, Italia har flere innbyggere enn Belgia. 4 Nei, menneskene er mer intelligente enn dyrene. 5 Nei, Anders er eldre enn Marit. 6 Nei, Oslo er større enn Bergen.

Exercise 4 1 Nei, myggen er minst. 2 Nei, mai er lengst. 3 Nei, Eiffeltårnet er høyest. 4 Nei, flyene er hurtigst. 5 Nei, steinen er tyngst. 6 Nei, vikingene var mer krigerske.

Lesson 13

Exercise 1 *From the top, left to right:* Can be revealed. Job wanted. Gøran is denied a place in a nursery for deaf children. Soldiers will be equipped for work. Car wanted. Girl from Nordland is sought. Ten people are fired from Bellona. Players 'are protected'?

Exercise 2 A church B library C grocer's shop D museum E town hall

Exercise 3 *For example: A:* Har du lyst på en whisky? *B:* Nei takk. Jeg liker ikke whisky. Jeg vil heller ha en kald øl. *A:* Jeg liker whisky veldig godt. Jeg betaler! *B:* Nei, det er jeg som spanderer denne gangen!
B: Vil du ha en kopp kaffe? *C:* Ja takk, gjerne. *B:* Har du lyst på en vaffel også? *C:* Nei takk.

Exercise 4 avis/kiosk; kjole/klesbutikk; blomster/blomsterbutikk; hodepinetabletter/apotek; bensin/bensinstasjon; kake/baker; puslespill/leketøysbutikk; halskjede/gullsmed; fotoapparat/fotobutikk; torsk/fiskebutikk; bok/bokhandel

Lesson 14

Reading text 6, 2, 8, 5, 4, 1, 7, 3

Exercise 1 1 pent 2 alvorlig 3 fredelig 4 kjærlig 5 uforsvarlig 6 langsomt 7 bittert

Exercise 2 1 Hun kjørte forbi lastebilen etter at hun hadde satt farten opp. 2 Hun svingte til venstre i rundkjøringen etter at hun hadde kjørt på rødt lys. 3 Hun satte seg ved et bord etter at hun hadde bestilt en stor whisky.

Exercise 3 1 Etter at hun hadde satt farten opp, kjørte hun forbi lastebilen. 2 Etter at hun hadde kjørt på rødt lys, svingte hun til venstre. 3 Etter at hun hadde bestilt en stor whisky, satte hun seg ved et bord.

Exercise 4 *Across:* 1 førerkort 2 forbudt 3 venstre 4 håndbremsen 5 lyskryss 6 kjøreskole 7 høyre 8 personbil 9 politibil 10 parkeringsplass 11 fartsgrensene *Down:* 12 rundkjøring

Exercise 5 1 ... må du heller gå lange turer og slutte med å spise sukker og fett. 2 ... må du heller begynne å studere og slutte med å sove hele dagen. 3 ... må du heller lære noen fremmede språk og ikke gifte deg for tidlig. 4 ... må du heller være høflig og slutte med å skryte.

Exercise 6 1 gris 2 ku 3 hest 4 and 5 katt 6 hund 7 kanin 8 lam 9 sau 10 kylling 11 okse 12 hane (a) 1; (b) 3; (c) 2; (d) 12; (e) 11; (f) 5; (g) 9; (h) 6

Exercise 7 1 Pamelas mor kom til Kristiansand, ikke sant? 2 Hun så ikke skiltene med fartsgrensene, gjorde hun vel? 3 Høyrekjøringen sjenerte henne ikke, vel? 4 Hun hadde problemer, ikke sant? 5 Hun svingte ikke til venstre i rundkjøringen, vel? 6 Det var rødt i lyskrysset, ikke sant? 7 Hun var ikke nervøs, vel? 8 Hun hadde ikke en langsom bil, vel? 9 Hun kjørte for fort, ikke sant? 10 Hun ble stoppet av en politibil, ikke sant? 11 Politibetjenten gav henne bare en advarsel, ikke sant?

Exercise 8 (a) 4; (b) 5; (c) 2; (d) 6; (e) 8; (f) 11;(g) 1;(h) 7; (i) 12; (j) 10

Lesson 15

Exercise 1 1 tenke 2 synes 3 tro 4 synes 5 synes 6 tenkte 7 tror

Exercise 2 (a) 2; (b) 5; (c) 8; (d) 9; (e) 7; (f) 1; (g) 4; (h) 3

Exercise 3 *Across:* 1 fot 2 hodet 3 ryggen 4 kropp 5 kjevene 6 øynene 7 skuldrene 8 nasen 9 tennene *Down:* 10 forkjølet

Exercise 4 1 galt 2 riktig 3 galt 4 riktig 5 galt 6 galt 7 riktig

Exercise 5 1 I have rung, but there was nobody at home. 2 We haven't any brown bread. 3 I have nothing against your smoking. 4 First we spent some days at Voss. 5 Is there anything particular to see in Trondheim? 6 I heard something downstairs. 7 Did you see anybody? 8 Some trains stop at Finse. 9 I dare not say anything to him. 10 I have some money here.

Exercise 6 1 Jeg håper du føler deg bedre idag. 2 Jeg håper ikke det er for sent. 3 Jeg håper ikke døra er låst. 4 Jeg håper du snart vil bli frisk igjen. 5 Jeg håper ikke det gjør vondt. 6 Jeg håper ikke han har feber. 7 Jeg håper ikke hun er alvorlig syk.

Exercise 7 1 Den fattige og den redde 2 Den redde 3 Den tykke 4 Den gamle damen og den redde 5 Den gamle damen og den redde 6 Den fattige, den redde, den tykke, den gamle damen

Lesson 16

Exercise 1 1 sko, sokker, støvler, sandaler, tresko, strømper 2 lue, hatt, skjerf, sløyfe, slips, hette 3 hansker 4 bukse, truse, dongeribukse, strømpebukse, skjørt, underbukse 5 genser, bluse, jakke, skjorte, brystholder

Exercise 2 1 For et fint hus du har! Så fint hus du har! 2 For noen nydelige øyne du har! Så nydelige øyne du har!

Exercise 3 1 Morten (Bentes sjef har vært gift) 2 Kjersti 3 Kjersti 4 Bente 5 Morten, Marianne og Kjersti 6 Bente 7 Marianne 8 Kjersti.

Exercise 5 1 Jeg har hørt at Bente ikke liker sjefen sin. 2 Jeg har hørt at han bare gir ordrer. 3 Jeg har hørt at han nok finner en kone en dag. 4 Jeg har hørt at hun alltid har mye å gjøre. 5 Jeg har hørt at han dessverre går av til høsten.

Lesson 17

Exercise 2 1 Hvem har du invitert? 2 Hvem skal jeg snakke med? 3 Hvilken kjole har du kjøpt? (or: Hva for en kjole ...) 4 Hva sa han? 5 Hvem sine strømper er det? 6 Hvilket nummer skal jeg ringe? (or: Hva for et nummer ...) 7 Hvem skal jeg sende pakken til? 8 Hva er det for en bil vi kan høre?

Exercise 3 1 var 2 ble 3 var 4 ble 5 ble 6 ble 7 var 8 ble

Exercise 4 1 The crowd was allowed (shown) in. 2 The players and the referee ran on to the field. 3 The two teams drew lots. 4 The match started. 5 Lillestrøm's first three goals were scored in the first half. 6 Ole Bakke was replaced just before the interval. 7 In the second half Petter Olsen was kicked in the stomach by Hans Nes. 8 The doctor was called in. 9 Hans Nes was sent off. 10 The match was won by Lillestrøm, four-nil.

Exercise 5 1 når 2 da 3 da 4 når 5 når 6 da 7 når 8 når

Lesson 18

Exercise 1 1 i *det* tjuende århundre (**århundre** is neuter) 2 De *norske* vikingene (definitive form plural) 3 I 793 e.Kr. *kom det første vikingangrepet* (**I 793** is fronted, so subject after verb) 4 at *han måtte verne* (verb after subject in subordinate clauses) 5 Odin og Tor måtte *vike* (infinitive after **måtte**) 6 Nordmennene *gav seg likevel ikke ennå.* (sentence adverb (**likevel**) after subject and the finite verb) 7 Bare en gang senere har Norge og Storbritannia *vært* (perfect participle in the perfect tense) 8 hvilken side *de* ville være på (subject form) 9 *Mange* fortvilte nordmenn (**nordmenn** is a countable noun) 10 Vi er blitt gode *naboer* (plural)

Reading text 4, 3, 1, 6, 2, 5

Exercise 2 1 sine 2 hans 3 hans 4 sitt 5 hans 6 hans 7 hans 8 hans 9 sitt

Lesson 19

Exercise 1 1 Gengangere av Henrik Ibsen 2 Mamsepapsen 3 Kl
9.30 4 Sigrid Undset – Et kvinneliv og Benny and Joon 5 nei 6 engel-
sk og fransk 7 skrive brev og rapporter på norsk, engelsk og fran-
sk,oversette fra og til engelsk og fransk og arrangere reiser 8 5–10
års erfaring 9 fisk 10 ja 11 på Aker Brygge 12 11.00–01.00

Exercise 3 Jeg gikk langs stranden og ventet på min venninne,
Camilla. Det er så beroligende å se på havet. Jeg elsker å sole meg,
så jeg tok av meg klærne og tok badebukse på i stedet. Så satte jeg
meg ned i sanden like ved parkeringsplassen. Jeg gledet meg så
veldig til å se Camilla igjen at jeg glemte alt omkring meg da jeg
hørte bilen hennes nærme seg. Jeg hørte ikke engang skrikene fra
stranden.
  Senere, da folk gikk forbi meg med den gamle, døende kvinnen,
sa en av mennene idet han snudde hodet mot meg: 'Noen men-
nesker er ikke interesseret i å hjelpe.'

Exercise 4 1 Min far gav meg det røde skjerfet. Min mor gav meg
det ikke. 2 Håkon gav ikke Pamela halskjedet. Petter gav henne det.
3 Jeg kan ikke nå smøret. Vil du sende meg det? 4 Jeg glemte å
sende pengene til min bror. Vil du sende ham dem?

Lesson 20

Exercise 3 1 Jeg har ikke hørt noe. 2 Jeg har ikke sett noen.
3 Dessverre har jeg ikke tjent noen penger i dag. 4 Hun sa at hun
ikke hadde sett noen biler.

Exercise 4 1 Hun har langt, fett hår. 2 Barna spiste frokost
klokken åtte. 3 Jeg fikk besøk av foreldrene mine. 4 Hva spiste
du/dere til middag? 5 Hvem har (en) bil? 6 Lillestrøm fikk sitt tredje
mål i andre omgang. 7 Anders fikk en gave av onkelen sin. 8 Mange
av vennene mine har oppvaskmaskiner. 9 Jeg får en til fødselsdagen
min. 10 Jeg må få malt huset.

Exercise 5 1 (f) 2 (h) 3 (d) 4 (g) 5 (b) 6 (a)

English–Norwegian glossary

a	**en, ei, et**	approach	**nærme seg**
able,	**kunne**	April	**april**
to be able to		arm	**arm**
accept	**ta imot**	around	**rundt, omkring**
across	**(tvers) over**	arrive	**ankomme,**
actually	**faktisk**		**komme**
address	**adresse**	ashore	**til lands**
aeroplane	**fly**	ask	**spørre, be**
afford	**ha råd til**	ask (for)	**be (om)**
afraid	**redd**	ask (if)	**spørre (om)**
after	**etter**	at	**ved**
again	**igjen**	August	**august**
against	**(i)mot**	autumn	**høst**
age	**alder**	awful	**forferdelig**
alive	**levende**	back	**tilbake**
all	**hel, alle**	bad	**dårlig**
allowed, to be	**kunne**	bake	**bake**
allowed to		baker	**baker**
alone	**alene**	banana	**banan**
along	**langs**	basement	**kjeller**
already	**allerede**	bathe,	**bade**
also	**også**	have a bath	
always	**alltid**	bathroom	**bad**
America	**Amerika**	bath tub	**badekar**
American	**amerikansk**	be	**være**
and	**og**	beach	**strand**
animal	**dyr**	bean	**bønne**
answer (*vb*)	**svare**	beat	**slå**
apartment	**leilighet**	beautiful	**vakker**
apologize	**unnskylde**	because	**fordi**
apple	**eple**	become	**bli**

bed	**seng**	brush (*n*)	**pensel**
bedroom	**soverom**	bull	**okse**
beer	**øl**	busy (to be busy)	**ha det travelt**
before	**før**	but	**men**
begin	**begynne**	butcher	**slakter**
beginning	**begynnelse**	butter	**smør**
believe	**tro**	buy	**kjøpe**
bell	**klokke**	by	**av**
better	**bedre**	cabbage	**kål**
between	**mellom**	café	**kafé**
bicycle	**sykkel**	cake	**kake**
big	**stor**	called (to be called)	**hete**
bill	**rekning**		
bin	**søppelbøtte**	call in	**tilkalle**
birthday	**fødselsdag**	camera	**fotoapparat**
bitter	**bitter**	camera shop	**fotobutikk**
black	**svart**	can	**kan**
blouse	**bluse**	cancel	**avbestille**
blue	**blå**	candle	**stearinlys**
boast	**skryte**	cap	**lue**
body	**kropp**	capital city	**hovedstad**
book	**bok**	car, private car	**bil, personbil**
bookshop	**bokhandel**	car park	**parkeringsplass**
boot	**støvel**	carrot	**gulrot**
bore (to be bored)	**kjede seg**	carry	**bære**
		cat	**katt**
born (to be born)	**bli født**	catch	**fange**
borrow	**låne**	cathedral	**domkirke**
boss	**sjef**	ceiling	**tak**
both ... and	**både ... og**	cellar	**kjeller**
bothered (to be bothered)	**gidde**	centimetre	**cm, centimeter**
		century	**århundre**
bottle	**flaske**	change (small)	**småpenger, vekslepenger**
bra	**brystholder**		
bread	**brød**	cheap	**billig**
breakfast	**frokost**	chemist's shop	**apotek**
bridge	**bro**	chicken	**kylling**
briefs	**underbukse, truse**	child	**barn**
		Christmas	**jul**
broad	**brei**	church	**kirke**
brother	**bror**	city	**by**
brown	**brun**	cigarette	**sigarett**

clear	**tydelig**	difficult	**vanskelig**
clergyman	**prest**	dig	**grave**
clog	**tresko**	dinner	**middag**
close	**lukke**	direction	**retning**
close by/to	**like ved, nær**	dirty	**skitten**
	ved	disappear	**forsvinne**
clothes	**klær**	discover	**oppdage**
cloud	**sky**	discuss	**diskutere**
cock	**hane**	dishwasher	**oppvaskmaskin**
cod	**torsk**	do	**gjøre**
coffee	**kaffe**	doctor	**lege**
cold	**kald**	dog	**hund**
come	**komme**	door	**dør**
comfort (*vb*)	**trøste**	down(wards)	**ned**
computer	**datamaskin**	downstairs	**nede**
corner	**hjørne**	dress	**kjole**
corridor	**gang**	dress shop	**klesbutikk**
cost (*vb*)	**koste**	drink	**drikke**
country	**land**	drive	**kjøre**
cousin (male)	**fetter**	driving licence	**førerkort**
cousin (female)	**kusine**	duck	**and**
cow	**ku**	during	**i løpet av**
criticize	**kritisere**	dustbin	**søppelbøtte**
crow (*vb*)	**gale**	dwell	**bo**
cucumber	**agurk**	dying	**døende**
cup	**kopp**	each	**hver**
cut (clip) (*vb*)	**klippe**	each (10 kr each)	**10 kr stykket**
cut (*vb*)	**skjære**	each other	**hverandre**
Danish	**dansk**	ear	**øre**
dare	**tore**	early	**tidlig**
dark	**mørk**	earn	**tjene**
darn	**stoppe**	Easter	**påske**
daughter	**datter**	eat	**spise**
day	**dag**	egg	**egg**
dead	**død**	Eiffel Tower	**Eiffeltårnet**
dear	**kjære**	eight	**åtte**
December	**desember**	eighteen	**atten**
degree	**grad**	eighteenth	**attende**
Denmark	**Danmark**	eighth	**åttende**
despite	**til tross for**	electric	**elektrisk**
deserted	**forlatt, øde**	eleven	**elleve**
dessert	**dessert**	eleventh	**ellevte**

empty (*vb*)	**tømme**	fish shop	**fiskebutikk**
England	**England**	fit	**frisk, sunn**
English	**engelsk**	five	**fem**
Englishman	**engelskmann**	flat	**leilighet**
enormous	**enorm**	florist	**blomsterbutikk**
enough	**nok**	flour	**mel**
entrance (hall)	**gang**	flower	**blomst**
establish	**opprette**	fly (*vb*)	**fly**
Europe	**Europa**	food	**mat (varer)**
even (not even)	**ikke engang**	foot	**fot**
evening	**kveld**	football match	**fotballkamp**
every	**hver**	for	**for**
everything	**alt**	foreigner	**fremmed,**
exactly	**akkurat**		**utlending**
expensive	**dyr**	forget	**glemme**
eye	**øye**	four	**fire**
family	**familie**	fourteen	**fjorten**
fancy	**ha lyst til/på**	fourteenth	**fjortende**
far	**langt**	fourth	**fjerde**
fat	**feit**	France	**Frankrike**
father	**far**	freeze	**fryse (fast)**
February	**februar**	French	**fransk**
feed	**mate, fore**	Frenchman	**franskmann**
feel	**føle**	fresh	**fersk, frisk**
fence	**gjerde**	Friday	**fredag**
ferry	**ferge**	friend (male)	**venn**
fetch	**hente**	friend (female)	**venninne**
few	**få**	from	**av, fra**
field	**bane, mark**	fruit	**frukt**
fifteenth	**femtende**	fruit tree	**frukttre**
fifth	**femte**	garage	**garasje**
fight (*vb*)	**slåss**	garden	**hage**
fight (*n*)	**kamp**	garden shed	**hageskur**
fill	**fylle**	German (*adj*)	**tysk**
finally	**endelig**	German (*n*)	**tysker**
find	**finne**	Germany	**Tyskland**
fine	**fin**	get	**få**
finger	**finger**	girlfriend	**kjæreste**
finished	**ferdig**	give	**gi**
first	**først**	glove	**hanske**
fish	**fisk**	go	**gå, kjøre, reise**
fisherman	**fisker**	go home	**gå hjem**

goal	**mål**	herself	**seg (seg selv)**
goldfish	**gullfisk**	hi!	**hei!**
good	**god**	hide	**gjemme**
goodbye	**ha det, hei,**	high	**høy**
	adjø	highway	**landevei**
gramophone	**(grammofon-)**	him	**ham**
record	**plate**	himself	**seg (seg selv)**
grandfather	**farfar**	his	**hans**
(paternal)		his/her own	**sin**
grandmother	**bestemor**	hold	**holde**
(maternal)	**mormor**	home, at home	**hjemme**
(paternal)	**farmor**	home(wards)	**hjem**
grape	**drue**	go home	**gå hjem**
grass	**gress**	hop	**hoppe**
greasy	**fett**	hope	**håpe**
greeting	**hilsen**	horrible	**grusom**
grey	**grå**	horse	**hest**
guard (keep	**(holde) vakt**	hour	**time**
guard)		house	**hus**
guest-room	**gjesterom**	detached	**enebolig**
guilty	**skyldig**	how	**hvordan**
hair	**hår**	human being	**menneske**
half	**halv, omgang**	hungry	**sulten**
(in football)		hurry (*vb*)	**skynde seg**
hand (*n*)	**hånd**	hurt	**slå, gjøre vondt**
hand (*vb*)	**rekke**	husband	**mann**
happen	**skje**	hymn	**salme**
happy	**glad**	I	**jeg**
hat	**hatt**	ice	**is**
have	**ha**	ice cream	**is**
have (to have to)	**måtte, skulle**	idyllic	**idyllisk**
he	**han**	if	**hvis, om**
head	**hode**	if only	**bare**
headache	**vondt i hodet**	ill	**syk**
hear	**høre**	in	**i**
hedge	**hekk**	inclination	**lyst**
help (*vb*)	**hjelpe**	inhabitant	**innbygger**
help (*n*)	**hjelp**	inside	**inne**
her	**henne**	instead of	**i stedet for**
here	**her**	insure	**forsikre**
her own	**sin**	intelligent	**intelligent**
her(s)	**hennes**	interested	**interessert**

interesting	**interessant**	land	**land**
interval	**pause**	language	**språk**
into	**inn i**	large	**stor**
invitation	**invitasjon**	late	**sen**
invite	**invitere**	later	**senere**
iron (*vb*)	**stryke**	laundry	**klesvask**
irresponsible	**uforsvarlig**	lay	**legge**
island	**øy**	lazy	**lat, doven**
it	**den, det**	learn	**lære**
Italian (*n*)	**italiener**	lecturer	**lektor**
Italian (*adj*)	**italiensk**	leek	**purre**
Italy	**Italia**	left (have money	**ha penger**
its	**dens**	left)	**igjen**
itself	**seg (seg selv)**	left, to the left	**venstre, til**
its own	**sin**		**venstre**
jacket	**jakke**	leg	**bein**
January	**januar**	lemon	**sitron**
jaw	**kjeve**	lend	**låne**
jeans	**dongeribukse**	let	**late**
jeweller	**gullsmed**	letter	**brev**
jigsaw puzzle	**puslespill**	lettuce	**salat**
journey (*n*)	**tur**	library	**bibliotek**
judge (*n*)	**dommer**	lie	**ligge**
July	**juli**	lie down	**legge seg**
jump (*vb*)	**hoppe**	light (*adj*)	**lys**
June	**juni**	light (*n*)	**lys**
just	**akkurat**	light (*vb*)	**tenne**
keep an eye on	**holde øye med**	like	**like, ha lyst på**
kick	**sparke**	would you like?	**har du lyst**
kilo	**kilo, kg**		**på/til?/vil du**
kilometre	**kilometer, km**		**gjerne?**
kind	**snill, vennlig**	litre	**liter, l**
king	**konge**	little	**liten**
kiosk	**gatekjøkken,**	live	**bo**
	kiosk	liver pâté	**leverpostei**
kiss	**kyss**	loaf	**brød**
kitchen	**kjøkken**	lock (*vb*)	**låse**
knife	**kniv**	loft	**loft**
know	**vite, kjenne**	long	**lang**
krone (Nor.	**krone**	a long time	**lenge**
monetary unit)		look	**se; se ut**
lamb	**lam**	look after	**passe på**

look at	**se på**	mouse	**mus**
look forward to	**glede seg til**	mouth	**munn**
lorry	**lastebil**	move	**flytte**
love (*vb*)	**elske**	much	**mye**
love from	**hilsen fra**	museum	**museum**
lovely	**nydelig**	must	**må**
loving	**kjærlig**	my	**min**
luckily	**heldigvis**	narrow	**smal, trang**
main course	**hovedrett**	nationality	**nasjonalitet**
main road	**hovedvei**	near	**nær**
make	**lage**	nearly	**nesten**
make (a bed)	**re opp (sengen)**	neck	**hals**
man	**mann**	necklace	**halskjede**
many	**mange**	needle	**nål**
March	**mars**	neighbour	**nabo**
margarine	**margarin**	nervous	**nervøs**
married	**gift**	never	**aldri**
marry	**gifte seg**	never mind	**blås i det**
match	**kamp**	nevertheless	**allikevel**
May	**mai**	New Year's Day	**nyttårsdag**
me	**meg**	new	**ny**
meat	**kjøtt**	newspaper	**avis**
meet	**treffe, møte**	next	**neste**
meeting	**møte**	nice	**hyggelig, koselig**
menu	**meny**	nicely	**pent**
message	**beskjed**	nice looking	**pen**
messy	**rotet**	night	**natt**
midsummer	**St. Hans**	nil	**null**
milk	**melk**	nine	**ni**
mince (*vb*)	**hakke**	nineteenth	**nittende**
mine	**min**	ninth	**niende**
minute (*n*)	**minutt**	no	**nei**
modern	**moderne**	nobody	**ingen**
moment	**øyeblikk**	north	**nord**
Monday	**mandag**	Norway	**Norge**
money	**penger**	Norwegian (*n*)	**nordmann**
month	**måned**	Norwegian (*adj*)	**norsk**
more	**mer, flere**	not	**ikke**
morning	**morgen**	not/either	**heller**
mosquito	**mygg**	nothing	**ingenting**
mother	**mor**	notice	**legge merke til**
mother-in-law	**svigermor**	November	**november**

now	**nå**	pee	**tisse**
nowadays	**nå til dags**	pencil	**blyant**
number	**nummer**	people	**folk, mennesker**
occupied	**okkupert**	petrol	**bensin**
October	**oktober**	petrol station	**bensinstasjon**
office	**kontor**	pick	**plukke**
office work	**kontorarbeid**	picture	**bilde**
often	**ofte**	pig	**gris**
oil	**olje**	pink	**lyserød**
old	**gammel**	pipe	**pipe**
older	**eldre**	play	**spille**
Olympic	**olympisk**	player	**spiller**
on	**på**	please	**vær så snill**
once	**en gang**	plum	**plomme**
one	**en, ei, et**	poem	**dikt**
one, you	**man**	police	**politi**
onion	**løk**	police car	**politibil**
only	**bare**	policeman	**politimann,**
open	**åpen**		**politibetjent**
or	**eller**	polish	**pusse**
order	**bestille**	polite	**høflig**
other	**annen**	politician	**politiker**
our(s)	**vår**	poor	**fattig**
out	**ut**	post office	**posthus**
over (to)	**bort til**	potato	**potet**
overtake	**kjøre forbi**	pound (English	**pund**
pain	**smerte**	monetary unit)	
paint	**male**	present (*n*)	**gave**
parcel	**pakke**	probably	**nok**
parents	**foreldre**	problem	**problem**
parking area	**parkeringsplass**	prohibited	**forbudt**
partly	**delvis**	provisions	**matvarer**
pass	**passere, gå**	proximity	**nærhet**
	forbi; sende	put on (clothes)	**ta på (klær)**
passenger	**passasjer**	quarter	**kvarter**
passport	**pass**	queen	**dronning**
past (clock time)	**over**	quick	**hurtig**
pavement	**fortau**	rabbit	**kanin**
pay	**betale**	radio	**radio**
pea	**ert**	rain (*vb*)	**regne**
peaceful	**fredelig**	rather	**heller**
pear	**pære**	reach	**nå, rekke**

read	**lese**	scream (*n*)	**skrik**
ready	**ferdig, klar**	sea	**hav**
record	**plate**	seat	**sete**
red	**rød**	second	**andre**
referee	**dommer**	secretary	**sekretær**
regard (*n*)	**hilsen**	see	**se**
reign	**regjere**	-self	**selv**
relaxing	**beroligende**	sell	**selge**
remember	**huske**	send	**sende**
remember me	**hils x**	September	**september**
to x		serious	**alvorlig**
repair (*vb*)	**reparere**	settle	**slå seg ned,**
restaurant	**restaurant**		**bosette seg**
retire	**pensjonere (seg)**	seven	**sju**
rich	**rik**	seventeen	**sytten**
ride	**ri**	seventeenth	**syttende**
right, to the right	**høyre, til høyre**	seventh	**sjunde**
ring (*vb*)	**ringe**	sew	**sy**
road	**vei**	shape (*vb*)	**forme**
roast (*vb*)	**steke**	she	**hun**
room	**rom**	shed (garden	**(hage)skur**
round	**rund**	shed)	
roundabout	**rundkjøring**	sheep	**sau**
run	**løpe**	shine (*vb*)	**skinne**
to be run down	**bli overkjørt**	shirt	**skjorte**
by a car		shoe	**sko**
sack (*vb*)	**sparke**	short	**kort**
salami	**salami**	shoulder	**skulder**
salt	**salt**	shout	**rope**
sand	**sand**	show (*vb*)	**vise**
sandal	**sandal**	show out	**utvise**
Saturday	**lørdag**	shut (*vb*)	**lukke**
save	**spare**	sign (road sign)	**(vei)skilt**
saw (*vb*)	**sage**	since	**siden**
saw (*n*)	**sag**	singer	**sanger,**
say	**si**		**sangerinne**
scarf	**skjerf**	sister	**søster**
school	**skole**	sit	**sitte**
scissors,	**saks**	sit down	**sette seg**
pair of scissors		six	**seks**
score	**score**	sixteen	**seksten**
scream (*v*)	**skrike**	sixteenth	**sekstende**

sixth	**sjette**	Sunday	**søndag**
ski	**ski**	supermarket	**supermarked**
skirt	**skjørt**	Sweden	**Sverige**
sleep	**sove**	Swedish	**svensk**
slow	**langsom, sen**	sweep	**feie**
smoke (vb)	**røyke**	swim	**svømme**
so	**så, derfor**	switch off	**slukke, slå av**
sock	**sokk**	table	**bord**
soldier	**soldat**	tablet	**tablett**
sold out	**utsolgt**	tail	**hale**
somebody	**noen**	take	**ta**
something	**noe**	tall	**høy**
son	**sønn**	tank	**tank**
soon	**snart**	teach	**undervise**
soothing	**beroligende**	teacher	**lærer**
south	**sør**	teaching	**undervisning**
southwest	**sørvest**	telephone	**telefon**
speak	**snakke**	television	**TV, fjernsyn**
special	**særlig**	temperature	**feber,**
spectator	**tilskuer**		**temperatur**
speed	**fart**	ten	**ti**
speed limit	**fartsgrense**	tenth	**tiende**
stand	**stå**	than	**enn**
starter	**forrett**	thank you	**takk**
station	**stasjon**	their(s)	**deres**
stocking	**strømpe**	them	**dem**
stomach	**mage**	themselves	**seg (seg selv)**
stop (vb)	**stoppe**	then	**så**
storm	**storm**	there	**der**
straight	**rett**	these	**disse**
stranger	**fremmed**	they	**de**
striped	**stripet**	thick	**tykk**
study (vb)	**studere**	think	**tro, tenke,**
suddenly	**plutselig**		**mene, synes**
sugar	**sukker**	third	**tredje**
summer	**sommer**	thirteen	**tretten**
summer holiday	**sommerferie**	thirteenth	**trettende**
		this	**denne, dette**
summon	**tilkalle**	three	**tre**
sun	**sol**	throne	**trone**
sunbathe	**sole seg**	throw	**kaste**
sunburnt	**solbrent**	Thursday	**torsdag**

ticket	**billett**	two	**to**
tie (*n*)	**slips**	uncle	**onkel**
tights	**strømpebukse**	under	**under**
time	**gang, tid**	underpants	**truse,**
time (the time is)	**klokken er**		**underbukse**
tip (in restaurant)	**drikkepenger**	unfortunately	**dessverre**
to	**å, for, til**	up	**oppe**
today	**i dag**	up(wards)	**opp**
toe	**tå**	us	**oss**
together	**sammen**	use	**bruke**
toilet	**toalett**	vegetables	**grønnsaker**
tomato	**tomat**	visit (*vb*)	**besøke**
tomorrow	**i morgen**	visit (*n*)	**besøk**
too	**også; (alt)for**	waffle	**vaffel**
tooth	**tann**	wait	**vente**
toothache	**tannverk**	walk	**gå**
torch	**lommelykt**	want to	**ville, ønske**
touch	**røre**	warm	**varm**
tourist office	**turistkontor**	warmth	**varme**
towards	**mot**	warning	**advarsel**
town	**by**	wash	**vaske**
town hall	**rådhus**	wash up	**vaske opp**
toy shop	**leketøysbutikk**	washing,	**skittentøy**
traffic lights	**trafikklys**	dirty washing	
traffic on	**høyrekjøring**	watch TV	**se TV**
the right		water (*vb*)	**vanne**
train	**tog**	water (*n*)	**vann**
translate	**oversette**	we	**vi**
travel	**reise**	weak	**svak**
trip	**tur**	wear	**ha på seg**
trouble (*vb*)	**lage problemer**	Wednesday	**onsdag**
trousers	**bukse**	weekday	**hverdag**
true	**riktig, sant**	well	**godt**
trunks	**badebukse**	west	**vest**
try	**prøve**	what	**hva**
Tuesday	**tirsdag**	wheel	**hjul**
turn (*vb*)	**svinge, snu**	when	**når, da**
TV-set	**fjernsyn**	where	**hvor**
twelfth	**tolvte**	which	**som**
twelve	**tolv**	while	**mens**
twentieth	**tjuende**	white	**hvit**
twenty	**tjue**	Whitsun	**pinse**

who (whom)	**som; hvem**	work (*n*)	**arbeid**
why	**hvorfor**	write	**skrive**
wide	**brei**	wrong	**gal, feil**
wife	**kone**	year	**år**
will	**ville**	yes	**ja, jo**
willingly	**gjerne**	yesterday	**i går**
win	**vinne**	yet	**ennå**
wind	**vind**	you (*subj*)	**du, De, dere**
wine	**vin**	you, one	**man**
wish	**ønske**	you (*obj*)	**deg, Dem, dere**
with	**med**	young	**ung**
woman	**kvinne**	your(s)	**din/di/ditt/**
wool	**ull**		**dine/Deres**
work (*vb*)	**arbeide**	zero	**null**

Norwegian–English glossary

The letters **æ**, **ø** and **å** come at the end of the alphabet, in that order.

adgang (en)	entrance, admission
adjø	goodbye
adresse (en/ei, -r)	address
advarsel (en, -sler)	warning
agurk (en, -er)	cucumber
akademisk	academic
akkurat	exactly; just
alder (en, aldre)	age
alderdom (en)	old age
aldri	never
alene	alone
alle	all
aller	by far
allerede	already
allikevel	nevertheless
alltid	always
alt	everything
altfor	too
altså	so
alvorlig	serious
ambulanse (en, -r)	ambulance
Amerika	America
amerikaner (en, -e)	American
amerikansk	American
and (en/ei, ender)	duck
andre	others, second
angrep (et, –)	attack
ankomme (-kom, -kommet)	arrive
annen	other
en annen	another
annerledes	different
annonse (en/ei, -r)	advertisement
ansikt (et, –/-er)	face
apotek (et, –)	chemist's shop
appelsin (en, -er)	orange
april	April
arbeid (et)	work
arbeide (-et, -et)	work
arbeider (en, -e)	worker
arbeidsløshet (en/ei)	unemployment
arm (en, -er)	arm
artikkel (en, -kler)	article
arvelig	hereditary
at	that
Atlanterhavet	the Atlantic Ocean
atten	eighteen
attende	eighteenth
attenhundretallet	nineteenth century
au!	ouch!
august	August
automatisk	automatic

av of
av og til now and then
avbestille (-te, -t) cancel
avgang (en, -er) departure
avhengig dependent
avis (en/ei, -er) newspaper
avspeile (-te, -t) reflect
bad (et, –) bathroom
bade (-et, -et) bathe
badekar (et, –) bath tub
badebukse swimming
(**en, -r**) trunks
baker (en, -e) baker
balkong (en, -er) balcony
ball (en, -er) ball
banan (en, -er) banana
bane (en, -r) track, field
barbere (-te, -t) shave
bare only
barn (et, –) child
barnebarn grandchild
(**et, –**)
barnehage nursery school
(**en, -r**)
be (bad, bedt) om ask (for)
bedre better
bedring (en/ei) recovery
befolkning population
(**en/ei, -er**)
begavet gifted
begge both
begynne (-te, -t) begin
begynnelse beginning
(**en, -r**)
behandle (-et, -et) treat
behandling treatment
(**en/ei, -er**)
bein (et, –) leg
beklage be sorry, regret
(**-et/-de, -et/-d**)
bekymre (-et, -et) worry
seg

bekymret worried
bemerkning remark
(**en/ei, -er**)
bensin (en) petrol
bensinstasjon petrol station
(**en, -er**)
bergenser (en, -e) person from
Bergen
beroligende soothing,
relaxing,
comforting
beskjed (en, -er) message
beskrive (-skrev, describe
-skrevet)
bestefar grandfather
(**en, -fedre**)
bestemme (-te, -t) decide
bestemmelse decision,
(**en, -r**) provision
bestemor (en/ei, grandmother
-mødre)
bestille (-te, -t) order
bestille time make an
appointment
besøk (et, –) visit
besøke (-te, -t) visit
betale (-te, -t) pay
bety (-dde, -dd) mean
bevare (-te, -t) keep, preserve
bevege (-et, -et) move
bibliotek (et, –) library
biff (en, -er) steak
bil (en, -er) car
bilde (et, -r) picture
bilist (en, -er) (car) driver
billett (en, -er) ticket
billettkontor ticket office
(**et, –**)
billig cheap
biskop (en , -er) bishop
bitende biting
bitter bitter

bjørkekvist (en, -er)	birch twig	**brev (et, –)**	letter
bjørn (en, -er)	bear	**bris (en)**	breeze
blande (-et, -et)	mix	**brite (en, -r)**	Brit
blant	among	**britisk**	British
blant annet (bl.a.)	among other things	**bror (en, brødre)**	brother
blek	pale	**bruke (-te, -t)**	use
bli (ble, blitt)	become; stay	**brun**	brown
blinke (-et, -et)	blink, twinkle	**brunost (en, -er)**	brown cheese
blodtrykk (et)	blood pressure	**brystholder (en, -e)**	bra
blokkere (-te, -t)	block	**brød (et, –)**	(loaf of) bread
blomst (en, -er)	flower	**brødskive (en/ei, -r)**	piece of bread
blomsterbutikk (en, -er)	flower shop	**bråket(e)**	noisy
blomstret	flowery	**bukett (en, -er)**	bunch
bluse (en, -r)	blouse	**bukse (en/ei, -r)**	trousers
blyant (en, -er)	pencil	**burde (bør, burde, burdet)**	ought to
blå	blue	**buss (en, -er)**	bus
blåse (-te, -t)	blow	**butikk (en, -er)**	shop
bo (-dde, -dd)	live	**by (en, -er)**	town, city
bok (en, bøker)	book	**byfolk** *(pl)*	townspeople
bokhandel (en, -dler)	bookshop	**bygge (-et, -et)**	build
boligblokk (en/ei, -er)	block of flats	**bytte (-et, -et)**	change
bomull (en)	cotton	**bære (bar, båret)**	carry
bord (et, –)	table	**bønne (en/ei, -r)**	bean
borger (en, -e)	citizen	**både ... og**	both ... and
bort(e)	away	**båt (en, -er)**	boat
bort til	over to	**campingplass (en, -er)**	camping site
bosette (-satte, -satt) seg	settle	**campingvogn (en/ei, -er)**	caravan
bra	good	**CD-spiller (en, -e)**	CD player
brannbil (en, -er)	fire engine	**centimeter (en, –)(cm)**	centimetre
brannmann (en, -menn)	fireman	**cirka (ca)**	about, approximately
brei	broad, wide	**da**	when
brekke (brakk, brukket)	break	**dag (en, -er)**	day
		dal (en, -er)	valley
brennevin (en)	liquor, spirits	**dame (en/ei, -r)**	lady

Danmark	Denmark
dansk	Danish
datamaskin	computer
(en, -er)	
datter (en/ei,	daughter
døtre)	
De	you (*formal*)
de	they
deg	you (*informal*)
deilig	lovely
dekke (-et, -et)	cover
del (en, -er)	part
til dels	partly
delta (-tok,	participate
-tatt)	
delvis	partly
Dem	you (*formal*)
dem	them
den	it; the, that
denne/dette/disse	this/these
der	there
dere	you (*pl*)
Deres	your(s) (*formal*)
deres	your(s), their(s)
deretter	then
derfor	so
desember	December
dessert (en, -er)	dessert
dessverre	unfortunately
det	it
diett (en, -er)	diet
dikt (et, –)	poem
din/di/ditt/	your(s) (*sg*)
dine/Deres	
diskutere (-te, -t)	discuss
dit	in that direction
dollar (en, –)	dollar
dommer (en, -e)	judge, referee
domstol (en, -er)	law court
dongeribukse	jeans
(en/ei, -r)	
drakehode	dragon head

(et, -r)	
drakt (en, -er)	suit, dress
dramatisk	dramatic
drepe (-te, -t)	kill
drikke (drakk,	drink
drukket)	
drikkepenger (*pl*)	tip
drive (drev,	go in for sport
drevet) idrett	
drive med	do
dronning	queen
(en/ei, -r)	
drue (en/ei, -r)	grape
drukne (-et, -et)	drown
drømme (-te, -t)	dream
du	you (*sg*)
duk (en, -er)	tablecloth
dusj (en, -er)	shower
dykke (-et, -et)	dive
dyktig	clever
dyp	deep
dypfryser (en, -e)	deep freezer
dyppe (-et, -et)	dip
dyr	expensive
dyr (et, –)	animal
dyrke (-et, -et)	go in for sport
idrett	
dø (døde, dødd)	die
død	dead
dødstrett	dead tired
døgn (et, –)	day and night
	(24 hours)
dømme (-te, -t)	judge
døpe (-te, -t)	christen
dør (en/ei, -er)	door
døv	deaf
dårlig	bad
effektiv	effective
egen/eget/egne	own
egenandel	own share
(en, -er)	
egg (et, –)	egg

ei   a, an, one (*fem.*)

eie (-de, -d)   own

eier (en, -e)   owner

Eiffeltårnet   the Eiffel Tower

eksamen (en, -er) exam

eksempel (et, -pler)   example

  for eksempel, f.eks.   for example

ektepar (et, –)   married couple

elefant (en, -er)   elephant

elektrisitet (en)   electricity

elektrisk   electric

elektronikk (en)   electronics

elendighet (en/ei)   desolation, misery

elev (en, -er)   pupil

eller   or

ellers   otherwise

elleve   eleven

elske (-et, -et)   love

elv (en/ei, -er)   river

en   a, an, one (*common gender*)

enda   even

endelig   finally, at last

enebolig (en, -er)   detached house

energi (en)   energy

engelsk   English

  engelskmann (en, -menn)   Englishman

enig, være enig   agree

enkel   single

enkelbillett (en, -er)   single ticket

enn   than

ennå   still, yet

eple (et, -r)   apple

epletre (et, –)   apple tree

erfaring   experience

(en/ei, -er)

erklære (-te, -t)   declare

ert (en/ei, -er)   pea

eskimo (en, -er)   eskimo

et   a, an, one (*neu.*)

etasje (en/ei, -r)   flóor

ett   one (*neu.*)

etter   after

etterkommer (en, -e)   descendant

ettermiddag (en, -er)   afternoon

Europa   Europe

eventyrlyst (en/ei)   adventure spirit

fag (et, –)   subject

fall, i alle/hvert fall   in any case

falle (falt, falt)   fall

familie (en, -r)   family

fange (-et, -et)   trap, catch

fantastisk   fantastic

far (en, fedre)   father

farfar (en, -fedre)   paternal grandfather

farge (en, -r)   colour

fargerik   colourful

farlig   dangerous

farmor (en/ei, -mødre)   paternal grandmother

fart (en)   speed

fartsgrense (en/ei, -r)   speed limit

fastelavn (en)   Shrovetide

fattig   poor

feber (en)   high temperature, fever

februar   February

feie (-de, -d)   sweep

feil (en, –)   fault, mistake; wrong

feire (-et, -et)	celebrate
fem	five
femte	fifth
femten	fifteen
femtende	fifteenth
femti	fifty
fengsel (et, -sler)	prison
ferdig	finished, ready
ferge (en/ei, -r)	ferry
ferie (en, -r)	holiday
feriehus (et, –)	holiday house
fersk	fresh
festdag (en, -er)	celebration day
festival (en, -er)	festival
fett	greasy
fetter (en, -e)	cousin (male)
fiende (en, -r)	enemy
film (en, -er)	film
fin	nice, fine
finger (en, fingre)	finger
finne (fant, funnet)	find
finnes (fins/finnes fantes, fantes, funnes)	exist
fiolinspill (et)	violin playing
fire	four
fisk (en, -er)	fish
fiskebutikk (en)	fish shop
fiskeri (et, -er)	fishery
fisketorg (et, –)	fish market
fiskevær (et, –)	fishing station
fjell (et, –)	mountain
fjellklatring (en/ei)	mountaineering
fjelltopp (en, -er)	mountain top
fjelltrakter (*pl*)	mountain areas
fjellvann (et, –)	mountain lake
fjerdedel (en, -er)	quarter
fjerne, i det fjerne	in the distance
fjernsyn (et, –)	TV
fjord (en, -er)	fjord
fjør (en/ei, -er)	feather
flagg (et, –)	flag
flaske (en/ei, -r)	bottle
flere	more, several
flertall (et, –)	majority
flest	most
flink	clever
flittig	hard-working
flott	wonderful
flue (en/ei, -r)	fly
fly (et, –)	aeroplane
fly (fløy, fløyet/flydd)	fly
flyplass (en, -er)	airport
flytte (-et, -et)	move
fløte (en)	cream
fløtemugge (en/ei, -r)	cream jug
flåte (en, -r)	fleet
folk (*pl*)	people
folkemusikk (en)	folk music
folketrygd (en/ei)	national insurance
for	for; too
for . . . siden	ago
forandre (-et, -et)	change
forberede (-te, -t)	prepare
forbi	past
forbilde (et, -r)	ideal
forbindelse (en, -r)	connection
forbudt	prohibited
fordi	because
fordra	tolerate
fore (-te/-et, -t/-et)	feed
foreldre (*pl*)	parents
forening (en/ei, -er)	club, society
foreslå (-slo, -slått)	suggest

forestille (-te, -t) imagine

forestilling (en/ei, performance
-er)

foretrekke prefer
(-trakk,
-trukket)

forferdelig terrible

forhistorisk prehistoric

forkjølet (være (have a) cold
forkjølet)

forlange (-te, -t) demand

forme (et, -et) form

formiddag (late) morning
(en, -er)

forresten by the way

forretningsliv business life
(et)

forrett (en, -er) starter

forside (en , -r) front page

forsiktig careful

forsikre (-et, et) insure

forsinket delayed

forskjellig different

forstå (-stod, understand
-stått)

forsvinne (-svant, disappear
-svunnet)

fortau (et, –) pavement

forsørger (en, -e) bread winner

fort quick, fast

fortauskafé pavement café
(en, -er)

fortelle (-talte, tell
-talt)

fortsette (-satte, continue, stay
-satt) on

fortsatt still

fortvilet despairing,
desperate

forvente (-et, -et) expect

forvirret confused

fot (en, føtter) foot

fotball (en, -er) football

fotoapparat camera
(et, –)

fotobutikk photo shop
(en, -er)

fra from

fram forwards

framføre (-te, -t) perform

framme in/at the front

Frankrike France

fransk French

fred (en) peace

fredag Friday

frede (-et, -et) protect

fredelig peaceful

fremdeles still

fremmed (en, -e) stranger

fri free

ta fri take time off

frihet (en) freedom

friluftsliv (et) outdoor life

frisk healthy, fit,
fresh

fritid (en) spare time

fritidshus (et, –) holiday house

frokost (en, -er) breakfast

frukt (en/ei, -er) fruit

frukttre fruit tree
(et, -trær)

fryktelig awful, terrible

fryse (frøs, freeze
frosset)

full full, drunk

funksjonshemning
(en/ei, -er) handicap

funksjonshemmet invalid

fylke (et, -r) county

fylle (-te, -t) fill

færre fewer

Færøyene Faroe Islands

fødselsdag birthday
(en, -er)

født, bli født	be born
føflekk (en, -er)	mole
føle (-te, -t)	feel
følge (fulgte, fulgt)	follow
før	before
føre (-te, -t)	lead
førerkort (et, –)	driving licence
først	first
førstemann (en, -menn)	first person somewhere
først og fremst	first and foremost
førti	forty
få (fikk, fått)	get
få	few
gal	wrong
gammel	old
gang (en, -er)	time
mange ganger	many times
gang (en, -er)	entrance (hall), corridor
ganske	quite
garasje (en, -r)	garage
gartner (en, -e)	gardener
gatekjøkken (et, -/-er)	kiosk, street café
gave (en/ei, -r)	present
generasjon (en, -er)	generation
genser (en, -e)	sweater
gi (gav, gitt)	give
gidde (gadd, giddet)	be bothered
gifte (-et, -et) seg	get married
gift med	married to
gjelde (galdt, gjeldt)	concern, apply to
gjemme (-te, -t)	hide
gjengjeld (til gjengjeld)	in return
gjennom	through

gjenoppta (-tok, tatt)	resume
gjerde (et, -r)	fence
gjerne	willingly, with pleasure
gjest (en, -er)	guest
gjøre (gjorde, gjort)	do
glass (et, –)	glass
glad, være glad i	happy, be fond of
glede (-et, -et) seg til	look forward to
glemme (-te, -t)	forget
glemsk	forgetful
glimrende	brilliant, excellent
god	good
gods (et)	property
gods og gull	riches
godta (-tok, -tatt)	accept
grad (en/ei, -er)	degree
gram (et) (g)	gram
grammatikk (en)	grammar
gratis	free
gratulere	congratulate
gratulerer med dagen	happy birthday
grave (-de, -d)	dig
grein (en/ei, -er)	branch
grense (en, -r)	border
gress (et)	grass
gris (en, -er)	pig
grovbrød (et, –)	brown loaf
grunnlegge (-la, -lagt)	found, establish
grunnlov (en/ei)	constitution
gruppe (en/ei, -r)	group
grusom	appalling, horrible
gryte (en/ei, -r)	saucepan
Grønland	Greenland

grønn	green
grønnsak (en/ei, -er)	vegetable
grå	grey
gråte (gråt, grått)	weep
gubbe (en, -r)	old chap
gul	yellow
gull	gold
gullfisk (en, -er)	gold fish
gullsmed (en, -er)	jeweller
gulrot (en/ei, gulrøtter)	carrot
gulv (et, –)	floor
gutt (en, -er)	boy
gøy	fun
gå (gikk, gått)	walk, go
gå av	retire
gående (en, –)	pedestrian
gård (en, -er)	farm
gårdsbruk (et, –)	farm
ha (hadde, hatt)	have
ha på seg	wear
hage (en, -r)	garden
hake (en/ei, -r)	chin
hakke (-et, -et)	chop
hale (en, -r)	tail
hals (en, -er)	neck, throat
halskjede (et, -r)	necklace
halv	half
halvannen	one-and-a-half
halvfull	half-full
ham	him
hamburger (en, -e)	hamburger
han	he
handel (en)	trade
handelsmann (en, -menn)	trader, businessman
handelspartner (en, -e)	trading partner
handle (-et, -et)	shop, buy
handle om	be about
hane (en, -r)	cock
hans	his
hanske (en, -r)	glove
hate (-et, -et)	hate
hatt (en, -er)	hat
hav (et, –)	ocean
havn (en/ei, -er)	port, harbour
havneby (en, -er)	port
hei	hi, bye
heise (-te, -t)	lift, hoist
hekk (en, -er)	hedge
hel	whole
heldig	lucky
heldigvis	luckily
helg (en/ei, -er)	weekend
Hellas	Greece
helle (-te, -t)	pour
heller	rather, either
heller ikke	neither
helse (en/ei)	health
helsetilbud (et, –)	health service
helsetjeneste (en/ei, -r)	health service
helt	completely, quite
helvete (et)	hell
hemmelig	secret
henne	her
hennes	her(s)
hente (-et, -et)	fetch
her	here
herfra	from here
herlig	lovely, splendid
hest (en, -er)	horse
hete (het, hette)	be called
hette (en/ei, -r)	hood
hilse (-te, -t)	greet
hilsen (en, -er)	greeting, regard
himmel (en, himler)	sky, heaven
historie (en/ei, -r)	history, story
historisk	historic

hit	in this direction	**hvem**	who
hjelp (en/ei)	help	**hver**	every
hjelpe (hjalp,	help	**hverandre**	each other
hjulpet)		**hverdag (en, -er)**	weekday
hjem	home(wards)	**hvilken/hvilke/**	which
hjemme	at home	**hvilke**	
hjerne (en)	brain	**hvis**	if
hjertelig	warm(ly)	**hvit**	white
hjul (et, –)	wheel	**hvor**	where
hjørne (et, -r)	corner	**hvordan**	how
hobby (en, -er)	hobby	**hvorfor**	why
hode (et, -r)	head	**hvor mange**	how many
hodepinetablett	headache pill	**hyggelig**	nice, friendly
(en, -er)		**hylle (en/ei, -r)**	shelf
holde (holdt,	keep, hold	**hytte (en/ei, -r)**	holiday
holdt)			chalet
holde seg til	keep to, follow	**høflig**	polite
holde øye med	keep an eye on	**høre (-te, -t)**	hear
hopp (et, –)	jump	**høst (en, -er)**	autumn
hoppe (-et, -et)	jump	**høy**	high, tall
hos	at (somebody's)	**høyde (en, -r)**	height
hoste (-et, -et)	cough	**høyhælt**	high-heeled
hosteanfall (et, –)	coughing fit	**høyre**	right
hostesaft (en/ei)	cough	**høyrekjøring**	driving on the
	mixture	**(en/ei)**	right
hovedrett	main course	**høyskole (en, -r)**	college
(en, -er)		**høytidelig**	festive, solemn,
hovedstad (en,	capital		formal
-steder)		**hånd (en/ei,**	hand
hovedvei (en, -er)	main road	**hender)**	
hull (et, –)	hole	**håndbremse**	hand brake
hummer (en, -e)	lobster	**(en, -r)**	
humør (et)	mood	**håp (et, –)**	hope
hun	she	**håpe (-et, -et)**	hope
hund (en, -er)	dog	**håpløs**	hopeless
hundre	hundred	**hår (et, –)**	hair
hurtig	quickly, fast	**i**	in
hurtigmat (en)	fast food	**i dag**	today
hus (et, –)	house	**idé (en, -er)**	idea
huske (-et, -et)	remember	**idrett (en, -er)**	sport
huske (en/ei, -r)	swing	**idyllisk**	idyllic
hva	what	**igjen**	again

i går	yesterday	**isbre (en, -er)**	glacier
ikke	not	**iskake (en, -r)**	ice cream
ikke-røyker	non-smoker		gâteau
(en, -e)		**iskald**	ice cold
ille	bad	**Island**	Iceland
i morgen	tomorrow	**Italia**	Italy
imponerende	impressive	**italiensk**	Italian
imponert	impressed	**ivrig**	eager, keen
indre	inner	**ja**	yes
industri (en)	industry	**jakke (en/ei, -r)**	jacket
informere (-te, -t)	inform	**jeg**	I
ingen	no, none,	**januar**	January
	nobody	**jente (en/ei, -r)**	girl
ingenting	nothing	**jo**	yes
inn	in	**jobb (en, -er)**	job, work
innbygger (en, -e)	inhabitant	**journalist**	journalist
inne	inside	**(en, -er)**	
inneholde (-holdt,	contain	**jul (en/ei, -er)**	Christmas
-holdt)		**juli**	July
innenfor	inside	**juni**	June
innerst	innermost	**kafeteria**	cafeteria
innfødt (en, -e)	native	**(en/ei, -er)**	
inngang (en, -er)	entrance (hall)	**kaffe (en)**	coffee
innkjøp (et, –)	shopping	**kake (en/ei, -r)**	cake
innom (stikke	pop in	**kald**	cold
innom)		**kamerat (en, -er)**	friend
inntrykk (et, –)	impression	**kamp (en, -er)**	match, battle,
inspirasjon	inspiration		fight
(en, -er)		**kanin (en/ei, -er)**	rabbit
inspirere (-te, -t)	inspire	**kanskje**	perhaps
intelligent	intelligent	**kappløp (et, –)**	race
interessant	interesting	**kaste (-et, -et)**	throw
interesse (en, -r)	interest	**katastrofe**	catastrophe
interessere	interest	**(en/ei, -r)**	
(-te, -t)		**katolikk**	Catholic
interessert	interested	**(en, -er)**	
invitasjon	invitation	**katt (en, -er)**	cat
(en, -er)		**kavring (en, -er)**	rusk
invitere (-te, -t)	invite	**kikhoste (en)**	whooping cough
Irland	Ireland	**kikke (-et, -et)**	peep
irriterende	irritating	**kilo (en/et, –)**	kilo
is (en)	ice; ice cream	**(kg)**	

kilometer (en, –) (km) — kilometre
kino (en, -er) — cinema
kiosk (en, -er) — kiosk
kirke (en/ei, -r) — church
kjede (-et, -et) seg — be bored
kjefte (-et, -et) — scold
kjeller (en, -e) — basement, cellar
kjenne (-te, -t) — know, feel
kjent — known, famous
kjeve (en, -r) — jaw
kjole (en, -r) — dress
kjær — dear
kjæreste (en, -r) — girlfriend/ boyfriend
kjærlig — loving
kjøkken (et, –) — kitchen
kjøleskap (et, –) — fridge
kjønn (et, –) — gender
kjøpe (-te, -t) — buy
kjøre (-te, -t) — drive, go
kjøre forbi — overtake
kjøreskole (en, -r) — driving school
kjøtt (et) — meat
kjøttdeig (en) — mince
kjøttkake (en/ei, -r) — meat ball
klage (-et/de, -et/d) — complain
klappe (-et, -et) — clap, applaud
klar — clear, ready
klare (-te, -t) — succeed, manage
klasse (en/ei, -r) — class, form
klatre (-et, -et) — climb
klaver (et, -/-er) — piano
kle (-dde, -dd) på seg — dress
kle av seg — undress
kle seg ut — dress up, put on costume

det kler deg — that suits you
klesbutikk (en, -er) — clothes shop
klippe (-et, -et) — cut (with scissors)
klokke (en, -r) — bell, clock, watch
klokken 6 — 6 o'clock
kloster (et, –/klostre) — monastery
klær (*pl*) — clothes
kne (et, knær) — knee
kniv (en, -er) — knife
knuse (-te, -t) — crush, break
koalisjon (en, -er) — coalition
koke (-te, -t) — cook, boil
kolonialbutikk (en, -er) — grocer's shop
komme (kom, kommet) — come
kommune (en, -r) — municipality
kompliment (et, -er) — compliment
komplisert — complicated
komponere (-te, -t) — compose
komponist (en, -er) — composer
kone (en/ei, -r) — wife, woman
konge (en, -r) — king
kongsemne (et, -r) — pretender
konkurrere (-te, -t) — compete
konsentrere (-te, -t) — concentrate
konsert (en, -er) — concert
kontanter (*pl*) — cash
konto (en, -er) — account
kontor (et, –/-er) — office

kontorsøster (en/ei, -søstre)	nurse	**kvadratmeter** (en, –) (km²)	square metre
kopp (en, -er)	cup	**kvart på/over**	a quarter to/past
korrekt	correct	**kvarter (et,–/-er)**	quarter
kort	short	**kveld (en, -er)**	evening
kortbukse (en/ei, -r)	shorts	**kveldsmat (en)**	supper
koselig	nice, cosy	**kvinne (en/ei, -r)**	woman
kosmetisk	cosmetic	**kvinnelig**	female
koste (-et, -et)	cost	**kylling (en, -er)**	chicken
krangle (-et, -et)	argue	**kyss (et, –)**	kiss
krav (et, –)	claim, demand	**kyst (en, -er)**	coast
kremfløte (en)	cream	**kål (et, –)**	cabbage
krevende	demanding, stressful	**la (lot, latt)**	let
		lag (et, –)	team
		lage (-de, -d)	make
krig (en, -er)	war	**lam (et, –)**	lamb
krigersk	warlike	**land (et, –)**	country, land
kritisere (-te, -t)	criticize	**på landet**	in the country
kristendom (en)	Christianity, religious knowledge	**landsbygd** (en/ei, -er)	countryside, village
		lang	long
krone (en/ei, -r) (kr)	krone (*currency*)	**langs**	along
		langsom	slow
kronprins (en, -er)	crown prince	**langt**	far
		lastebil (en, -er)	lorry
kropp (en, -er)	body	**lege (en, -r)**	doctor
krydder (et, –)	spice	**legge (la, lagt)**	lay, put
kryss (et, –)	cross, crossroads	**legge merke til**	notice
		lei (være lei for)	be sorry for
ku (ei, -er/kyr)	cow	**lei av**	tired of
kulde (en)	cold	**leie (-de, -d)**	rent, hire
kultur (en, -er)	culture	**leilighet** (en/ei, -er)	flat, apartment
kulørt	coloured		
kun	only	**lek (en, -er)**	game
kunne (kan, kunne, kunnet)	be able to, can	**leke (-te, -t)**	play
		leke (en/ei, -r)	toy
kunst (en)	art	**leketøy (et, –)**	toy
kunstgalleri (et, -er)	art gallery	**lekse (en/ei, -r)**	homework
		lektor (en, -er)	lecturer
kunstner (en, -e)	artist	**lenge**	long
kurs (en, -er)	exchange rate	**leppestift (en, -er)**	lipstick
kusine (en/ei, -r)	cousin (female)	**lese (-te, -t)**	read

lete (lette, lett)	search	**lyse-**	light
lett	easy, light	**lyserød**	pink
lettskyet	lightly clouded	**lyskryss (et, –)**	traffic lights
leukemi (en)	leukemia	**lyst: ha lyst til**	inclination
leve (-de, -d)	live	**lyve (løy, løyet)**	lie
levende	alive	**lære (-te, -t)**	learn
leverpostei	liver pâté	**lærer (en, -e)**	teacher
(en, -er)		**løfte (et, -r)**	promise
ligge (lå, ligget)	lie	**løfte (-et, -et)**	lift
likevel	all the same	**løk (en, -er)**	onion
likhet (en, -er)	similarity	**lønn (en/ei)**	salary, wage
likne (-et, -et)	look like, be	**lønne (-et/-te,**	pay
	like, resemble	**-et/-t)**	
lilla	purple	**løp (et, –)**	race
liste (-et, -et) seg	tiptoe	**løpe (løp, løpt)**	run
liten	small	**løpet, i løpet av**	during
liter (en, –) (l)	litre	**lørdag**	Saturday
liv (et, –)	life	**løse (-te, -t)**	solve
livlig	lively	**løse inn**	cash (a cheque)
loft (et, –)	loft	**(en sjekk)**	
lokal	local	**løype (en/ei, -r)**	track, run
lokalstoff (et)	local news	**låne (-te, -t)**	lend, borrow
lomme (en/ei, -r)	pocket	**låse (-te, -t)**	lock
lommelykt	torch	**madrass**	mattress
(en/ei, -er)		**(en/ei, -er)**	
lommetørkle	handkerchief	**mage (en, -r)**	stomach
(et, -klær)		**mai**	May
lov (en/ei, -er)	law	**makt (en/ei)**	power
lov, få/ha lov til	be allowed to	**male (-te, -t)**	paint
love (-et, -et)	promise	**maleri (et, -er)**	painting
lue (en/ei, -r)	hat, cap	**man**	you, one
lukke (-et, -et)	close	**mandag**	Monday
lukte (-et, -et)	smell	**mange**	many
lunsj (en, -er)	lunch	**mangfoldig**	varied
lur	smart	**mann (en, menn)**	man, husband
lure (-te, -t) på	wonder	**mannlig**	male
lyd (en, -er)	sound	**mannskap (et, –)**	crew
lykkelig	happy	**marked (et, -er)**	market
lykkes (lyktes,	succeed	**mars**	March
lyktes)		**markere (-te, -t)**	mark
lys (et, –)	light	**mat (en)**	food
lys (*adj.*)	light	**matematikk (en)**	mathematics

matpakke (en/ei, -r)	packed lunch
matvare (en/ei, -r)	food, provisions
med	with
medisin (en, -er)	medicine
medlem (et, -mer)	member
meg	me
mekanikk (en)	mechanics
mel (et)	flour
melde (-te, -t)	announce
melk (en)	milk
mellom	between
men	but
mene (-te, -t)	believe
meningsmåling (en/ei, -er)	opinion poll
menneske (et, -r)	person, human being (*pl.* people)
mens	while
meny (en, -er)	menu
mer	more
merke (et, -r)	mark
merke (-et, -et)	notice
merkelig	strange
mest	most
mester, (en, -mestre)	master, champion
mesterverk (et, -)	masterpiece
meter (en, -) (m)	metre
mett	full
middag (en, -er)	dinner
middelalder (en)	Middle Ages
midnatt (en)	midnight
midnattsol (en)	midnight sun
midt i/på	in the middle of
mikrobølgeovn (en, -er)	microwave oven
min/mi/mitt/mine	my/mine
mindre	smaller
mindretall (et, -)	minority
minst	(at) least, smallest
minutt (et, -)	minute
miste (-et, -et)	lose
moden	ripe
moderne	modern
moll	minor (key, in music)
mor (en/ei, mødre)	mother
morfar (en, -fedre)	maternal grandfather
morgen (en, -er)	morning
i morgen	tomorrow
i morges	this morning
mormor (en/ei, -mødre)	maternal grandmother
morsom	funny
mosjon (en)	exercise
mot	towards, against
motorbåt (en, -er)	motorboat
motorvei (en, -er)	motorway
mulig	possible
munn (en, -er)	mouth
murstein (en, -er)	brick
mus (en/ei, -)	mouse
museum (et, museet, museer, museene)	museum
musikk (en)	music
mye	much
mygg (en, -er)	mosquito
mynt (en, -er)	coin
mørk	dark
møte (et, -r)	meeting
møte (-tte, -tt)	meet
mål (et, -)	goal, aim, target
måltid (et, -er)	meal
måne (en)	moon
måned (en, -er)	month
måte (en, -r)	way, manner

måtte (må, måtte, måttet)	must, have to	**nordlig**	northerly
nabo (en, -er)	neighbour	**nordmann (en, -menn)**	Norwegian
nase (en, -r)	nose	**nordover**	northwards
nasjonalitet (en)	nationality	**Nordpolen**	the North Pole
natt (en, netter)	night	**Nordsjøen**	the North Sea
nattog (et, –)	night train	**nordvestlig**	north westerly
natur (en)	nature	**Norge**	Norway
navigasjon (en)	navigation	**norsk**	Norwegian
navn (et, –)	name	**notere (-te, -t)**	note
ned	down, downwards	**november**	November
nede	down(stairs)	**nummer (et, –) (nr)**	number
nedenfor	below	**ny**	new
nedover	downwards	**nydelig**	lovely, beautiful
nei	no	**nyhet (en, -er)**	news
nekte (-et, -et)	deny, refuse, decline	**nyte (nøt, nytt)**	enjoy
nervøs	nervous	**nyttår (et)**	New Year
neste	next	**nærhet (en)**	proximity
nesten	almost, nearly	**nød (en/ei)**	destitution
nettopp	just, just a moment ago	**nødvendig**	necessary
nevø (en, -er)	nephew	**nøtt (en/ei, -er)**	nut
ni	nine	**nå**	now
niese (en/ei, -r)	niece	**nål (en/ei, -er)**	needle
nikke (-et, -et)	nod	**når**	when
nitten	nineteen	**nå til dags**	nowadays
nittende	nineteenth	**offisiell**	official, public
nitti	ninety	**ofte**	often
niåring (en, -er)	nine-year-old	**og**	and
noe	some/something/any/anything	**også**	also
noen	some/somebody/anybody	**og så videre (osv.)**	and so on, etc.
nok	enough; probably	**okse (en, -r)**	bull
nokså	fairly, rather	**oksestek (en/ei)**	roast beef
nord	north	**oktober**	October
Nordishavet	the Arctic Ocean	**olje (en/ei)**	oil
		olympiade (en, -r)	Olympic Games
		olympisk	Olympic
		om	about, around, if, in, whether
		omfang (et)	size, volume
		omgang (en)	half (of match)

omgås	associate, mix with	**oversette (-satte, -satt)**	translate
omkring	about, around	**overskrift (en, -er)**	headline
onkel (en, onkler)	uncle	**overskyet**	overcast
onsdag	Wednesday	**overtale (-te, -t)**	persuade
opera (en)	opera	**pakke (en, -er)**	parcel
operasjon (en, -er)	operation	**papegøye (en, -r)**	parrot
opp	up, upwards	**par (et, –)**	pair, couple
oppdage (-et, -et)	discover, explore	**paraply (en, -er)**	umbrella
oppdagelse (en, -r)	discovery	**park (en, -er)**	park
		parkere (-te, -t)	park
oppe	up(stairs)	**parkeringsplass (en, -er)**	car park
opphold (et, –)	stay	**pass (et, –)**	passport
oppholdsvær (et)	no rain	**passasjer (en, -er)**	passenger
oppleve (-de, -d)	experience	**passe (-et, -et) på**	look after
opptatt	busy, engaged	**passe (-et, -et), det passer deg**	it suits you
opptre (-trådte, -trådt)	perform	**passere (-te, -t)**	pass
oppvask (en)	washing up	**pause (en, -r)**	pause, interval
oppvaskmaskin (en/ei, -er)	dishwasher	**peke (-te, -t)**	point
		pen	pretty
oransje	orange	**penger (***pl***)**	money
ord (et, –)	word	**pensel (en, -sler)**	paint brush
orden (en) det er i orden	order that is OK	**pensjonere (-te, -t) seg, bli pensjonert**	retire
ordre (en, -r), gi ordre	order, give order	**pepper (en)**	pepper
		periode (en, -r)	period
oss	us	**perle (en, -r)**	pearl, bead
ost (en, -er)	cheese	**person (en, -er)**	person
over	over, across, past (about time)	**personbil (en, -er)**	private car
		pike (en, -er)	girl
overbefolket	over-populated	**pinse (en/ei)**	Whitsun
overfor	opposite	**pipe (en/ei, -r)**	pipe
overkropp (en , -er)	upper part of the body	**plan (en, -er)**	plan
		planlegge (-la, -lagt)	plan
overleve (-de, -d)	survive	**plass (en, -er)**	place
overmorgen, i overmorgen	the day after tomorrow	**plate (en/ei, -r)**	record

platespiller (en, -e)	record player, turntable	**pære (en/ei, -r)**	pear
plen (en, -er)	lawn	**pølse (en/ei, -r)**	sausage
plikt (en/ei, -er)	duty	**på**	on, in, at; to (about time)
plomme (en/ei, -r)	plum	**på tvers av**	across
plukke (-et, -et)	pick	**pålegg (et, –)**	sandwich topping
plutselig	suddenly	**påske (en)**	Easter
politi (et)	police	**rad (en, -er)**	row
politimann (en, -menn)	policeman	**radio (en, -er)**	radio
politibetjent (en, -er)	policeman	**rane (-et/-te, -et/-t)**	rob
politikk (en)	politics	**rase (-te, -t)**	rage
politisk	political	**rask**	quick
populær	popular	**re (-dde, -dd) opp sengen**	make the bed
post (en)	post	**redd**	afraid
poste (-et, -et)	post	**redde (-et, -et)**	save
posthus (et, –)	post office	**regel (en, regler)**	rule
postkasse (en, -r)	mail box	**regelmessig**	regularly
potet (en/ei, -er)	potato	**regn (et)**	rain
praktisk	practical	**regnbyge (en/ei, -r)**	shower (rain)
presse (-et, -et)	press	**regnvær (et)**	rainy weather
prest (en, -er)	vicar, parson	**rein/ren**	clean
primitiv	primitive	**reise (-te, -t)**	travel
prins (en, -er)	prince	**reise (en/ei, -r)**	travel
prinsesse (en/ei, -er)	princess	**reisende (en, –)**	traveller
prinsipp (et, -er)	principle	**reke (en/ei, -r)**	prawn
problem (et, -er)	problem	**rekke (rakk, rukket)**	reach, pass
prosent (en, -er)	per cent	**rekkefølge (en/ei)**	order
prøve (-de, -d)	try	**rekkehus (et, –)**	terraced house
prøve (en, -r)	test, attempt, try	**rekne (-et, -et)**	add up, calculate, do sums
publikum (et)	audience		
pund (et, –)	pound (English currency)	**rekning (en/ei, -er)**	bill; arithmetic
purre (en, -r)	leek	**religion (en, -er)**	religion
puslespill (et, –)	jigsaw puzzle	**rengjøring (en/ei)**	cleaning
pusse (-et, -et)	polish	**renne (rant, runnet)**	pour, run
putte (-et, -et)	put		
pynte (-et, -et)	decorate		

reparere (-te, -t)	repair	**røre (-te, -t)**	mix, stir, touch
representant	representative	**røyke (-te, -t)**	smoke
(en, -er)		**råd, ha råd**	afford
rest (en, -er)	rest	**rådhus (et, –)**	town hall
restaurant	restaurant	**sag (en/ei, -er)**	saw
(en, -er)		**saga (en/ei, -er)**	saga (Old
restaurere (-te, -t)	restore		Norse prose
resultat (et, -er)	result		narrative)
rett fram	straight forward	**sage (-de, -d)**	saw
rettighet	right	**saks (en/ei, -er)**	scissors
(en/ei, -er)		**salami (en)**	salami
returbillett	return ticket	**salat(-hode)**	lettuce
(en, -er)		**(et, -r)**	
ri (red, ridd)	ride	**salme (en/ei, -r)**	hymn
rikdom (en, -er)	riches	**sammen**	together
riksavis	national paper	**samtale (en, -r)**	conversation
(en/ei, -er)		**sandal (en, -er)**	sandal
riktig	right	**sang (en, -er)**	song
ringe (-te, -t)	telephone, ring	**sanger (en, -e)**	singer (male)
riste (-et, -et)	shake	**sangerinne**	singer (female)
ro, i ro	quiet, quietly	**(en/ei, -r)**	
rolig, ta det rolig	take it easy	**sant**	true
rom (et, –)	room	**sau (en, -er)**	sheep
Roma	Rome	**saus (en, -er)**	sauce
romer (en, -e)	Roman	**savne (-et, -et)**	miss
rope (-te, -t)	cry, call, shout	**scene (en, -r)**	stage
rot (en/ei, røtter)	root	**score (et, -et)**	score
rot (et)	mess	**se (så, sett)**	see
rotet	messy	**se (pen) ut**	look (pretty)
rullestol (en, -er)	wheelchair	**seg**	himself, herself,
rund	round		itself, them-
rundkjøring	roundabout		selves
(en/ei, -er)		**seilbåt (en, -er)**	sailing boat
rundt	around	**seile (-te, -t)**	sail
rushtrafikk (en)	rush hour traffic	**sekk (en, -er)**	sack
rusle (-et, -et)	stroll	**sekretær**	secretary
russisk	Russian	**(en, -er)**	
Russland	Russia	**seks**	six
rydde (-et, -et)	tidy up	**seksten**	sixteen
rygg (en, -er)	back	**seksti**	sixty
rynke (-et, -et)	wrinkle	**selge (solgte,**	sell
rød	red	**solgt)**	

selskap (et, –)	party	**ski (en/ei, –)**	ski
selv	-self	**gå på ski**	ski
sen	late, slow	**skifte (-et, -et)**	change,
sende (-te, -t)	send, pass		substitute
senere	later	**skilt**	divorced
seng (en/ei, -er)	bed	**skilt (et, –)**	signpost
sensasjonell	sensational	**skinke (en/ei, -r)**	ham
september	September	**skinne (-te, -t)**	shine
seriøs	serious	**skip (et, –)**	ship
servitør (en, -er)	waiter	**skipsfart (en)**	shipping
sete (et, -r)	seat	**skirenn (et, –)**	skiing race
sette (satte, satt)	place, put	**skitten**	dirty
sette seg	sit down	**skje (-dde, -dd)**	happen
si (sa, sagt)	say	**skjegg (et)**	beard
si opp	fire	**skjerf (et, –)**	scarf
side (en/ei, -r)	side	**skjorte (en/ei, -r)**	shirt
siden	later, since	**skjære (skar,**	cut
sigarett (en, -er)	cigarette	**skåret)**	
sikker	sure, safe,	**skjørt (et, –)**	skirt
	secure	**sko (en, –)**	shoe
sikkert	probably, surely	**skole (en, -r)**	school
sin/si/sitt/sine	his own, her	**skolegang (en)**	schooling
	own, its own,	**skrekkelig**	dreadful
	their own	**skrike (skrek,**	scream
sist	last	**skreket)**	
sitron (en/ei, -er)	lemon	**skrive (skrev,**	write
sitte (satt, sittet)	sit	**skrevet)**	
sjakk (en)	chess	**skrive under**	sign
sjanse (en, -r)	opportunity	**skrivebord (et, –)**	writing desk
sjef (en, -er)	boss	**skryte (skrøt,**	boast
sjekk (en, -er)	cheque	**skrytt)**	
sjekkhefte (et, -r)	cheque book	**skuespill (et, –)**	play
sjelden	seldom	**skuff (en/ei, -er)**	drawer
sjenere (-te, -t)	trouble	**skulder (en/ei,**	shoulder
sjokk (et, –)	shock	**-dre)**	
sju	seven	**skulle (skal,**	have to, shall
sjusket	untidy, slipshod	**skulle, skullet)**	
sjø (en, -er)	sea	**skur (et, –)**	shed
sjøfart (en)	shipping	**sky (en/ei, -er)**	cloud
skallet	bald	**skyet**	cloudy
skap (et, –)	cupboard	**skynde (-te, -t)**	hurry
skatt (en, -er)	tax	**seg**	

skål (en/ei, -er)	bowl	**(en, -er)**	compartment
skål!	cheers!	**soverom (et, –)**	bedroom
slag (et, –)	battle	**sovne (-et, -et)**	fall asleep
slanke (-et, -et) seg	slim	**spade (en, -r)**	spade
slappe (-et, -et) av	relax	**spandere (-te, -t), jeg spanderer**	I'll pay!
		spare (-te, -t)	save
slektning (en, -er)	relative	**sparke (-et, -et)**	kick, fire
slik	like that	**spennende**	exciting
slips (et, –)	tie	**spesialitet**	speciality
slite (slet, slitt)	struggle	**(en, -er)**	
slukke (-et, -et)	put out, switch off	**spesiell**	special
		spille (-te, -t)	play
slutte (-et, -et)	stop	**spiller (en, -e)**	player
sløyfe (en/ei, -r)	ribbon, bow	**spise (-te, -t)**	eat
slå (slo, slått)	hit, beat	**spiseskje**	tablespoon
slå av	switch off	**(en/ei, -er)**	
slå plenen	mow the lawn	**spisestue**	dining room
slå på	switch on	**(en/ei, -r)**	
slåss (sloss, slåss)	fight	**språk (et, –)**	language
smelte (-et, -et)	melt	**spørre (spør,**	ask
smerte (en, -r)	pain	**spurte, spurt)**	
smitte (-et, -et)	infect	**spørsmål (et, –)**	question
smør (et)	butter	**St Hans**	midsummer
snakke (-et, -et)	talk, speak	**stappe (-et, -et)**	put
snart	soon, in a moment	**starte (-et, -et)**	start
		stasjon (en, -er)	station
snill	kind	**stat (en, -er)**	state
snu (-dde, -dd)	turn	**status (en),**	status, social
snø (-dde, dd)	snow	**sosial status**	status
snø (en)	snow	**stavkirke**	stave church
sofa (en, -er)	sofa	**(en/ei, -r)**	
sokk (en, -er)	sock	**stebarn (et, –)**	stepchild
sol (en/ei)	sun	**sted (et, -er)**	place
solskinn (et)	sunshine	**stein (en, -er)**	stone
som	who, which; as, like	**steke (-te, -t)**	fry, roast
		stekepanne	frying pan
sommer (en,	summer	**(en/ei, -r)**	
somre)		**stemning**	atmosphere
souvenir (en, -er)	souvenir	**(en/ei, -er)**	
sove (sov, sovet)	sleep	**stenge (-te, -t)**	close
sovekupé	sleeping	**sterk**	strong

sti (en, -er)	path	**sukkerskål**	sugar bowl
stikke (stakk,	sting	**(en/ei, -er)**	
stukket)		**sulten**	hungry
stikkord (et, –)	key word	**sunnhet**	health
stille	quiet	**sur**	sour, moody
stilling (en/ei, -er)	position,	**svak**	weak
	job	**svangerskap**	pregnancy
stjerne (en/ei, -r)	star	**(et, –)**	
stolt	proud	**svare (-te, -t)**	answer
stopp (et, –)	stop	**svart**	black
stoppe (-et, -et)	stop; darn	**svelge (-et, -et)**	swallow
stor	big, large	**svensk**	Swedish
Storbritannia	Great Britain	**Sverige**	Sweden
storm (en, -er)	storm, gale	**svigerdatter**	daughter-in-law
Stortinget	Parliament	**(en/ei, -døtre)**	
strand (en/ei,	beach	**svigerfar**	father-in-law
strender)		**(en, -fedre)**	
stresset	stressed	**svigerinne**	sister-in-law
streve (-de/-et,	struggle, slave	**(en/ei, -r)**	
-d/-et)	away	**svigermor**	mother-in-law
strikke (-et, -et)	knit	**(en/ei, -mødre)**	
stripet	striped	**svigersønn**	son-in-law
stryke (strøk,	fail	**(en, -sønner)**	
strøket)	(an exam);	**svinestek (en/ei)**	roast pork
	iron (clothes)	**svinge (-te, -t)**	turn
strøk (et, –)	area	**svoger (en, -e(r))**	brother-in-law
strømpe	stocking, sock	**svømme (-te, -t)**	swim
(en/ei, -r)		**sy (-dde, -dd)**	sew
strømpebukse	tights	**syk**	ill
(en/ei, -r)		**sykdom**	illness, disease
strålende	brilliant	**(en, -mer)**	
studere (-te, -t)	study	**sykepleier (en, -e)**	nurse
stue (en/ei, -r)	living room	**sykkel (en, -kler)**	bicycle
stygg	ugly	**syltetøy (et)**	jam
stykke (et, –)	piece	**syn (et)**	view
styre (-te, -t)	govern, stear	**synd (en)**	pity
støvel (en,	boot	**synes (-tes, -tes)**	think
støvler)		**synge (sang,**	sing
stå (stod, stått)	stand	**sunget)**	
sugetablett	lozenge	**sytten**	seventeen
(en, -er)		**syttende**	seventeenth
sukker (et)	sugar	**sytti**	seventy

særlig	particular, special	**telt (et, –)**	tent
søke (-te, -t)	seek	**temperatur (en, -er)**	temperature
søndag	Sunday	**tenke (-te, -t)**	think
sønn (en, -er)	son	**tenne (-te, -t)**	light, switch on
søppelbøtte (en, -r)	rubbish bin	**tenåring (en, -er)**	teenager
sør	south	**ti**	ten
sørge (-et, -et) for	care for	**tid (en/ei, -er)**	time
Sørishavet	the Antarctic Ocean	**tidel (en)**	a tenth
		tidlig	early
sørover	southwards	**tie (-dde, -dd)**	be silent
Sørpolen	the South Pole	**tiende**	tenth
søsken (*pl*)	sisters and brothers, siblings	**til**	to
		tilbake	back
		til dels	partly
søster (en/ei, søstre)	sister	**tilfelle (et, -r)**	case
		tilkalle (-kalte, -kalt)	call in, summon
søt	sweet	**tillatt**	allowed
så	then, so	**tilsette (-satte, -satt)**	add
ta (tok, tatt)	take		
ta imot	accept	**tilskuer (en, -e)**	spectator
ta på seg	put on	**til slutt**	finally
tablett (en, -er)	pill	**til tross for**	despite
tak (et, –)	roof, ceiling	**time (en, -r)**	hour
takk	thanks	**ting (en, –)**	thing
takke (-et, -et)	thank	**tirsdag**	Tuesday
tale (en, -r)	speech	**tisse (-et, -et)**	pee
tanke (en, -r)	thought	**tjene (-te, -t)**	earn
tann, (en/ei, tenner)	tooth	**tjue**	twenty
		tjuende	twentieth
tannlege (en, -r)	dentist	**to**	two
tante (en/ei, -r)	aunt	**toalett (et, -/-er)**	toilet
tap (et, –)	loss	**tog (et, –)**	train
tape (-te, -t)	lose	**togtabell (en, -er)**	train timetable
taxi (en, -er)	taxi		
te (en)	tea	**tolv**	twelve
teater (et, –/teatre)	theatre	**tom**	empty
		tomat (en/ei, -er)	tomato
tekniker (en, -e)	technician	**topp (en, -er)**	top, summit
telefon (en, -er)	telephone	til topps	to the top
telegram (et, –)	telegram	**tordenvær (et)**	thunderstorm

tore (tør, torde, tort)	dare
torg (et, –)	market
torsdag	Thursday
torsk (en, -er)	cod
tradisjon (en, -er)	tradition
trafikk (en)	traffic
trafikkregel (en, -regler)	traffic regulation
trang	narrow
transport (en)	transport
trapp (en/ei, -er)	stairs
tre (et, –/trær)	tree; wood
tre	three
tredel (en)	a third
treffe (traff, truffet)	meet
trekke (trakk, trukket)	pull, draw
trene (-te, -t)	practise
trenge (-te, -t)	need
tresko (en, –)	clog
tretten	thirteen
tretti	thirty
trist	sad
trives (trivdes, trivdes)	enjoy oneself
tro (-dde, -dd)	believe, think
trolig	probably
trollbinde (-bandt, -bundet)	spellbind
trone (en/ei, -r)	throne
tross alt	despite all
truse (en/ei, -r)	underpants, briefs
trøste (-et, -et)	comfort
trøtt	tired
tull (et)	nonsense
tung	heavy
tur (en, -er)	trip
turist (en, -er)	tourist
turistinformasjon (en)	tourist information
turistkontor (et, –/-er)	tourist office
tusen	thousand
tvers	across
tydelig	clear
tygge (-et, -et)	chew
tykk	fat, thick
tynn	thin
tysk	German
Tyskland	Germany
tyv (en, -er)	thief
tømme (-te, -t)	empty
tømmermenn (pl)	hangover
tøy (et)	clothes
tøys	nonsense
tå (en/ei, tær)	toe
tåle (-te, t)	stand, tolerate, take
tårn (et, –)	tower
uansett	regardless of
uavhengig	independent
uforsvarlig	irresponsive
uhøflig	impolite
ugift	unmarried
uke (en/ei, -r)	week
ukeblad (et, -/-er)	magazine, weekly
ull (en)	wool
ulv (en, -er)	wolf
umulig	impossible
under	under
underbukse (en/ei, -r)	underpants, briefs
underkropp (en, -er)	lower part of the body
undervisning (en/ei)	teaching
ung	young
ungdom (en, -mer)	youth
union (en, -er)	union

universitet (et, –/-er)	university
unnskyld	sorry, excuse me
unntak (et, –)	exception
uskikkelig	naughty
ut	out, outwards
utdødd	extinct
ute	out, outside
uten	without
utenfor	outside
utenlands	abroad
utenriksstoff (et)	foreign news
utføre (-te, -t)	carry out
utgift (en/ei, -er)	expenditure, expense
utilnærmelig	unapproachable
utlending (en, -er)	foreigner
utkant (en, -er)	edge
utnevne (-te, -t)	appoint
utrolig	unbelievable
utseende (et)	look
utsikt (en/ei)	view
utstyr (et)	equipment
utvandre (-et, -et)	emigrate
utvandrer (en, -e)	emigrant
utvikling (en/ei, -er)	development
utvise (-te, -t)	expel, send off, show out
vaffel (en, vafler)	waffle
vakker	beautiful
vanlig	common
vanligvis	usually
vann (et, –)	water; lake
vanne (-et, -et)	water
vannkraft (en/ei)	hydroelectric power
vanskelig	difficult
vare (en/ei, -r)	goods
variert	varied
varm	warm
varme (-et, -et)	heat
varmepute (en/ei, -r)	heating pad
varsle (-et, -et)	inform, warn
vaske (-et, -et)	wash
vaskemaskin (en/ei, -er)	washing machine
ved	at
ved siden av	beside
vedta (-tok, -tatt)	decide, pass
vegetarianer (en, -e)	vegetarian
vei (en, -er)	road
noe i veien	something wrong
veie (-de, -d)	weigh
vekk(e)	away, gone
vekke (-et, -et)	awake
veksle (-et, -et)	change
vekslepenger *(pl)*	small change
vekt (en/ei)	weight
vel	probably
veldig	very
velge (valgte, valgt)	choose
venn (en, -er)	friend (male)
venninne (en/ei, -r)	friend (female)
vennskap (et, –)	friendship
venstre	left
vente (-et, -et)	wait
verden (en, -er)	world
verken … eller	neither … nor
verksted (et, -er)	garage
verktøy (et, –)	tool
verne (-et, -et)	protect
verneplikt (en/ei)	compulsory military service
veske (en/ei, -r)	bag
vest	west
vestfra	from the west
Vestlandet	West Norway

vestover	westwards	**vær så god**	here you are
vi	we	**våge (-et, -et)**	dare, venture
video kamera	video camera	**våkne (-et, -et)**	wake up
(et, -er)		**vår**	our
videospiller	video tape	**vår (en, -er)**	spring
(en, -e)	recorder	**WC (et)**	WC
videre	further	**whisky (en)**	whisky
vik (en/ei, -er)	bay	**yrende**	teeming
viking (en, -er)	viking	**yrke (et, -r)**	profession
viktig	important	**ytre**	outer
viktoriansk	Victorian	**øde**	deserted
ville (vil, ville,	will	**økonomisk**	economic
villet)		**øl (et)**	beer
vin (en, -er)	wine	**ønske (et, -r)**	wish
vind (en, -er)	wind	**ønske (-et, -et)**	wish
vindu (et, -er)	window	**øre (et, –)**	øre (*currency*)
vinne (vant,	win	**øre (et, -r)**	ear
vunnet)		**øst**	east
vinter (en, vintre)	winter	**Østafjells**	East Norway
virkelig	real	**øvre**	upper
vise (-te, -t)	show	**øy (en/ei, -er)**	island
visst	certainly	**øye (et, øyne)**	eye
vite (vet, visste,	know	**øyeblikk (et, –)**	moment
visst)		**å**	to
vokse (-te, -t)	grow	**åpen**	open
vond	painful	**år (et, –)**	year
vær (et)	weather	**århundre (et, -r)**	century
være (er, var,	be	**åsside (en, -r)**	hillside
vært)		**åtte**	eight
værmelding	weather	**åtti**	eighty
(en/ei)	forecast		

Bibliography

Brian Abbs and Ingrid Freebairn (1979) *Building Strategies*, London: Longman.

Adrian Doff and Christopher Jones (1991) *Language in Use*, Cambridge: Cambridge University Press.

W. Glyn Jones and Kirsten Gade (1992) *Danish. A Grammar*, 5th impression, Copenhagen: Gyldendal.

A. Golden, K. MacDonald and E. Ryen (1990) *Norsk som fremmedspråk*, Oslo: Universitetsforlaget.

Michael Lewis and Jimmie Hill (1988) *Source Book for Teaching English Overseas*, London: Heinemann.

Å.-B. and R. Strandskogen (1986) *Practical Norwegian Grammar*, Oslo: Oris Forlag.

H. Svenkerud (1988) *Cappelens store engelsk norsk ordbok*, Oslo: J.W. Cappelens Forlag A.S.

Michael Swan (1986) *Practical English Usage*, Oxford: Oxford University Press.

F.-E. Vinje (1990) *Skriveregler*, Oslo: Aschehoug.

Index

The numbers refer to the lessons in the book. **Norwegian** words are in **bold type**. *English* words are in *italics*.